쓰기로 다시 시작

잠깐의 멈춤, 새로운 출발을 준비하며
쓰기로 다시 시작

정소령 지음

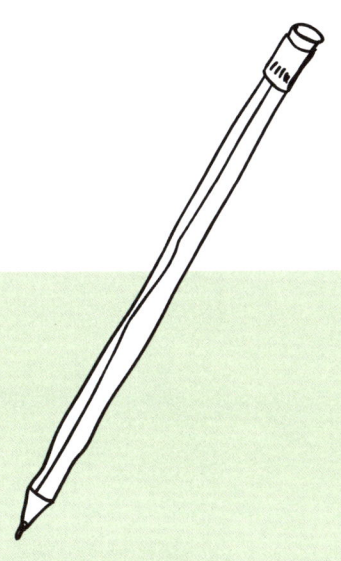

그래
더북

프롤로그
좋아서 쓰는 건 아니에요

쓰는 게 좋아서 결국은 쓰게 된다는 말을 자주 했다. 정말 그렇다고 믿었다. 꼭 그래야지 마음먹은 것도 아닌데, 갖가지 이유로 다시 쓰고 있는 나를 자주 발견했다. 내가 나를 발견했다는 표현이 이상하긴 하지만 더 적합한 표현을 찾을 수 없다. 내 의지로 쓴다기보다 나도 모르게 쓰고 있는 경우가 더 많았으니까. 쓰기 시작하면 그제야 깨닫는 거다. 또 쓰고 있구나. 다시 쓰는 자리로 돌아왔구나. 그렇게.

얼마 전 작가 세 사람이 만났다. 그날 한 사람이 말했다. "사실 전 좋아서 쓰는 건 아니에요." 그리고 덧붙였다. "그냥 자꾸 제가 그걸 써야 할 것 같아요. 그래서 써요." 그 솔직한 고백에 당황했다. 의심 없이 하던 말 "좋아서 써요."의 사실 여부를 다시 따져봐야겠다는 생각도 들었다. 써야만 할 것 같다는 표현이 어쩌면 나의 상태와 더 비슷할지도 모른다는 생각.

자꾸 써야만 할 것 같은 생각이 드는 이유는 당연히 쓰는 걸 좋아하기 때문이라고 생각했다. 실제로 나는 쓰는 일을 어렵게 여기지 않는다. 어릴 때부터 누가 시키지도 않은 글을 쓰곤 했다. 그냥 쓰고 싶어서 썼다. 누구에게도 털어놓지 못할 이야기들을 글로 쓰면 마음이 편해졌다. 어릴 때 쓰던 시는 나에게 위로였다. 표현 하나, 단어 하나, 다듬고 다듬어, 줄이고 줄여서, 은유적이고도 함축적으로 만들어내는 과정에 정리되는 마음이 좋았다. 그렇게 100개 정도의 시를 썼다.

크고 나서는 조금 달라졌다. 누군가에게 보여주기 위

한 글을 더 많이 썼다. SNS의 글도, 책의 글도, 기사도, 보고서도, 스크립트도. 왜 그런 글들을 썼느냐고 묻는다면 내 글이 누군가에게 무언가를 주는 게 좋아서였다. 글에 담은 정보나 인사이트가 어느 한 명에게라도 도움이 된다면 기뻤다. 아무것도 아닌 내 일상이 작은 미소가 되었다는 연락을 받을 때면 다수에게 의미 없을 일상의 글도 쓸 만한 의미가 있다고 느꼈다. 물론 가장 큰 수혜자는 내 날들을 정리하고 싶은 나였지만 단지 나만을 위한 글은 아니라는 사실이 위로가 되었다.

생각해보면 나는 늘 누군가에게 도움이 되는 사람이고 싶었다. 자기 삶 하나 제대로 건사하기만 해도 다행인 평범한 사람인 주제에 타인에게 도움까지 되고 싶다는 욕심까지 부리다니, 스스로 비웃은 날도 많았다. 그러다가 알게 되었다. 글 쓰는 나는 그런 사람이 되기도 한다는 사실을 말이다. 나처럼 모든 일이 조심스러운 사람이 경험과 의견을 꺼내 타인에게 다가갈 수 있는 최적의 방식이 글쓰기였다.

내 이야기가 나와 비슷한 사람들에게 힌트가 될 거라

는 확신이 내가 글을 쓰도록 이끌었다. 내 글을 읽기로 선택한 사람이라면 나와 같은 취향과 고민을 가졌겠지. 내가 모든 답을 찾진 못했어도 먼저 찾은 답이 있다면 공유만으로도 힘이 될 거야. 글쓰기가 나를 방구석 스몰 히어로 정도로는 만들어주지 않을까? 도움이 되었다는 작은 한마디에 힘입어 나도 모르게 자꾸 썼다.

정리하다 보니 그렇다. 나 역시 쓰는 행위 자체가 좋아서 쓰는 건 아니다. 어떤 날은 컴퓨터 앞에 앉기까지, 첫 문장 타이핑하기까지 긴 시간이 걸린다. 그럼에도 불구하고 쓰는 건, 쓰는 작업이 주는 결과가 좋아서다. 쓰지 않을 때는 아무것도 아닌 채로 내 안에 엉켜 있는 것들이 쓰고 나면 깨끗하게 빨아 곱게 접은 수건처럼 정리되니까. 쓸모 있는 것이 되니까.

이제 나도 이렇게 얘기해야겠다. "사실 저는 쓰는 게 좋은 건 아니에요." 그리고 이렇게 덧붙여야지. "쓰는 건 어렵거든요. 하지만 쓰고 나서 얻는 것들이 좋아서 써요. 내가 얻거나 타인이 얻게 하거나. 도움 되는 일을 하는 내가 좋아요."

 그래서 나는 자꾸 나를 파고든다. 나만이 쓸 수 있는 주제가 뭘까 고민하면서 묻고 또 묻는다. 잡지를 만드는 과정과 비슷하다. 〈VACAY〉라는 잡지를 만들면서 제일 먼저 했던 작업은 주제를 잡는 일이었다. 매호 다룰 지역은 정해져 있었지만 그대로 주제가 될 순 없었다. 그 지역의 어떤 측면을 보여주고 싶은지 날을 세워 뾰족하게 뽑아내는 과정이 필요했다.

 〈VACAY〉의 창간호는 서울을 다뤘다. 서울을 어떻게 정의할 것인가. 오래 고민한 끝에 우리는 서울이라는 곳에 "여러 층이 쌓여 있는 공간"이라는 수식어를 덧입혔다. 600년이 넘도록 수도인 서울에는 역사와 혁신이 공존한다. 경복궁과 롯데월드타워를 동시에 가진 곳이다. 수도로 간택된 이유였을 배산임수 덕분에 산과 강을 즐길 수 있는 현대 도시이기도 하다. 세계가 주목하는 도시가 되면서 다양한 글로벌 음식점이 곳곳에 생겼다. 다양한 층위가 켜켜이 쌓인 곳, 바로 그런 곳이 서울이다. 다음 작업은 하나의 주제 아래에 채울 기사를 정하는 일이다. 이번에는 모든 것을 풀어놓기 시작했다. 서울의 장소, 사람, 놀거리, 먹을거리, 브랜드, 풍경, 과거와 현재까지. 다 늘어놓고 주제에 맞는 이야기들을 골라 하나씩 배치했다.

나는 글을 쓰기 전에 '지금의 나'에 대한 정의부터 내린다. 첫 책인 육아서를 쓸 때 나는 '주체적인 아이로 키우고 싶은 엄마'였고, 두 번째 책을 쓸 때 나는 '계속해서 무언가를 시작하기에 엄마가 되고서도 여전히 행복한 엄마'였다. 이번 책을 쓰는 나는 '글쓰기로 새로운 나를 찾고 다시 시작한 사람'이다. 짧은 글을 쓰는 것도, 긴 책을 쓰는 것도 모두 나이므로 나를 정의하는 건 중요한 일이다.

이제 내가 정의한 내가 할 수 있는 이야기들을 펼쳐놓을 때다. 왜 나를 그렇게 정의했는가에서 시작하면 좋다. 왜 나는 그런 사람이 되었는지를 묻는 과정은 그 자체로 나에 대한 인터뷰가 된다. 이 질문이 단초가 되어 희로애락이 배어 있는 에피소드들, 역경과 극복의 서사, 내가 했던 행동, 나의 선택 그리고 그렇게 행동하고 선택하게 만든 내 사고방식이나 기준으로 이어져 각각의 목차가 만들어진다. 마치 나에 대한 하나의 잡지를 만들듯 쓰다 보면 나만의 글이 된다.

글쓰기는 나 쓰기다. 시간을 들여 찾아가지 않아도 항상 여기에 있는 나에게 묻는 일로 바로 시작할 수 있다. 글쓰기는 나를 히어로로 만든다. 자연스레 나에 대해 잘 알게 될 뿐 아니라 공유를 통해 누군가에게 힘이 될 수도 있다. 거창하지 않아도 된다. 지금 이대로, 그저 나이기 때문에 쓸 수 있는 글에는 힘이 있다. 그래서 나 역시 이 책을 쓴다. 망설이는 대신 일단 쓰기 시작하는 누군가에게 힘이 되고 싶어서.

"우리 함께 쓸까요?"

차례

프롤로그 좋아서 쓰는 건 아니에요 · 5

1. 글은 일상의 기록, 책은 인생의 단편
"나를 글에 담아보기로 하다."

내 삶의 모든 것이 달라진 날, "나는 무엇을 하고 싶은가." · 19
글쓰기의 의미가 달라진 날, "우리는 모두 무언가를 쓴다." · 25
나에 대한 정의 찾기, "내가 나를 모르는데 책을 쓸 수 있을까." · 32
처음 쓰는 사람을 위한 가이드, "나를 찾아가는 질문을 던져보자." · 40
좋은 글을 쓰기 위한 조건, "나와 끊임없이 질문을 주고받다." · 45
나와 너, 우리가 주인공인 이야기, "당신의 이야기를 들려주세요." · 54
슬픔을 치유하는 글쓰기, "인생의 희로애락을 숨기지 마세요." · 61
시시하지만 꾸준한 글쓰기, "다시, 나의 시간을 찾아줄 일상의 습관" · 69

2. 나만의 정의, 표현, 생각 정리하기
　"우리는 모두 같지만 다른 이야기를 갖고 있다."

글쓰기의 선택과 집중, "글감을 선별하는 틀을 만들어라." · 79
날카로운 송곳 하나, "단어 하나, 문장 하나에 깃든 나만의 표현을 찾아라." · 86
기억의 도구들, "순간을 메모하면 무기가 된다." · 92
과거의 나를 이해하기, "기억과 기록은 다르다." · 98
당연한 것에서 새로움 찾기, "일상의 관찰자에겐 자기만의 사전이 있다." · 104
오감으로 채우는 글쓰기, "글쓰기만큼 삶도 부지런해야 채울 수 있다." · 112
같은 주제로 다르게 써보기, "질문을 바꾸면 새로운 답이 보인다." · 120

3. 처음의 다짐을 놓지 않는 법
"누구나 어떻게 쓸지 방향을 잃을 때가 있다."

글쓰기 시간 관리법, "습관을 지배하는 사람이 글을 마감할 수 있다." · 129
글쓰기의 속도를 높이는 분업, "찾고 모으고 나누고 쓰기." · 135
목차라는 내비게이션, "처음의 방향을 잃지 않고 끝까지 쓰는 훈련을 하라." · 142
순간의 기록, "항상 엔진을 켜두는 기분으로." · 149
결과보다 과정에서 의미 찾기, "내가 쓴 글이 나를 바꾸기도 한다." · 154
쉽게 포기하지 않기, "모든 사람을 만족시키는 글은 없다." · 161
성장하는 글쓰기, "시간이 지나서 달라진 생각도 내 생각이다." · 169

4. 결국, 글과 책은 타인과의 소통을 위한 도구
 "함께 쓰고 읽고 느끼면 된다."

쓴다는 것은 함께 읽는다는 것, "글쓰기 동료를 찾아라." · 181
공감과 소통의 법칙, "단 한 명에게 닿는 기적에서 시작하라." · 185
비평을 마주하는 자세, "글쓰기에 정답은 없다." · 191
작가에 대한 오해, "나를 온전히 드러내는 글쓰기를 멈추지 마라." · 196
쓰지 않기로 결심할 용기, "생각과 마음을 쏟아내기만 하기를 멈출 것." · 203
작은 성공과 시작을 응원하는 마음, "두 번째 책을 쓸 마음을 먹다." · 209
책 쓰기 이전과 이후, "나라는 존재의 의미를 생각하게 됐다." · 217

에필로그 삶이 멈추지 않는 한 계속할 수 있는 일 · 225

1.
글은 일상의 기록, 책은 인생의 단편
"나를 글에 담아보기로 하다."

"나에게도 쓰는 일은 무용함과 유용함으로 나눌 수 없는 일상이었다. 한 번도 무용한 적 없었던 소중한 일상. 글쓰기라는 일상을 나만의 도구로 만들겠다고 결심하는 순간 무한히 유용한 일로 변모했다. 덕분에 새로이 시작하고 새로운 꿈을 꾼다. 이제 나는 멈추어도 멈추지 않는 삶을 산다."

내 삶의 모든 것이 달라진 날

"나는 무엇을 하고 싶은가."

처음 회사를 그만두고 정체성을 찾지 못해 흔들린 날이 있었다. 매우 공식적인 말인 '전업주부'가 나를 설명하지 못한다고 생각해서였다. 회사를 그만둔 이유는 주부가 되기 위해서가 아니라 낮에도 아이를 직접 돌보는 엄마 역할을 하기 위해서였다. 고민 끝에 나를 '전업엄마'로 정의했다. 이후 몇 년을 부대낌 없이 살았다. 엄마로만 사는 날이 순수하게 좋았다. 그런데 공식 문서에 직업을 써야 할 때면 다시 어지러웠다. 결국 전업주부라고 써야 한다는 걸 알았기 때문이다.

얼굴 맞대고 소개하는 자리라면 엄마든 주부든 상관없다. 충분히 입체적으로 설명할 수 있으니까. 그런데 문서는 다르다. 단 네 자로 설명하는 순간, 세상이 이미 만들어놓은 납작한 시각으로 정의된다. 전업주부는 다른 직업과는 다르다. 직업보다 역할에 가깝지 않냐는 논란이 나오는 것도 당연하다. 각자의 의도나 능력, 선택과 상관없이 전업주부라는 이름으로 묶인 사람들의 면면은 놀라울 만치 다양하다. 그런데 누구도 다양한 특성에는 관심 없다. 그 작은 칸 안에 쓰는 몇 자가 늘 마음에 걸린 건 그래서였다.

'이 자리에 주부가 아닌 다른 단어를 쓴다면 뭐가 좋을까?' 가끔 상상했다. 그러다 어느 날 갑자기 떠오른 단어가 '작가'다. 부지불식간에 떠오른 생각. '책을 쓰고 싶다.' 나도 모르게 이 말을 되뇌다가 금방 이성을 찾았다. '책이라고? 네가? 네가 뭔데 책을 써?' 당시 나는 퇴사 후 5년을 엄마로만 산 여자였다. '책은 아무나 쓰는 거야? 아무것도 아닌 나 같은 사람이 무슨 책이야?' 아무렴. 잠시 가져본 꿈 정도로 딱 적당하지.

문제는 그날 이후로 책을 쓰고 싶다는 생각이 계속 맴돌았다는 거다. 어느 책에서 마주쳤던 '평범한 엄마'라는 말이 자꾸 마음을 잡았다. 그 책의 저자는 자신을 평범한 엄마라고 칭했는데, 그녀가 쓴 책이 버젓이 내 손 위에 있었다. 이것이야말로 평범한 사람도 책을 출간할 수 있다는 확실한 증거가 아니겠는가. '감히 네가?'를 주장하는 마음은 자주 만나는 익숙한 존재였고, '너도 가능할 거야.'라고 말하는 마음은 낯선 아이였다. 오랫동안 익숙한 손만 잡던 나지만 이번에는 오랫동안 저 뒤에 밀어둔 낯선 손을 잡고 싶어졌다.

　상상을 현실로 옮겨도 되는 이유를 찾기 시작했다. 책을 쓰겠다는 황당한 아이디어를 선택하기 위해서는 나부터 설득해야 했다.

"책 쓰는 방법을 하나도 모르는데?"
"그럼 배우면 되지. 어디엔가 가르쳐주는 데가 분명 있을 거야. 글 쓰는 거 좋아하잖아."
"그냥 글쓰기랑 책 쓰기는 다른 거 아냐?"

"하지만 책은 글로 이루어져 있는걸. 쓰기를 좋아하는 사람에게 유리한 건 틀림없어."

"쓴다고 진짜 출간을 할 수 있겠어?"

"아무렴 어때. 도전은 그 자체로 의미 있잖아."

"아무리 그래도 너무 황당하잖아. 뜬금없이 책이라니. 얼마나 우스워 보이겠어?"

"다른 사람 시선이 무슨 상관이야. 네가 쓰는 건데. 그냥 한번 해보는 게 어때서."

아. 가만. 맞다. 어차피 쓰는 작업은 혼자 하는 일이다. 남 눈치 볼 필요 없다. 굳이 알릴 필요도 없고 말이다. 혼자 가만히 써서 투고해보고 실패하면 아무 일도 없었던 것처럼 다시 사뿐히 살아가면 된다. 혼자 하는 일의 가장 큰 장점은 실패해도 다른 사람에게 끼칠 폐가 없다는 점. 거기까지 생각하니 마음이 가벼워졌다.

살면서 다양한 도전을 했다. 어릴 때부터 수없이 치렀던 시험을 포함해서 말이다. 그리고 한 번도 결과를 자신한 적이 없다. 좋은 결과를 여러 번 얻어낸 후에도 그랬다. 과거의 결과는 과거의 것. 지금 시도하는 또 다른 도전은 새로운 일일 뿐이다. 성공할지 실패할지는 결과가 나올 때까지 알 수 없다. 오랫동안 나는 시작부터 실패를 예상하는 머리를 데리고 살았다. 당연히 시작이 어려울 수밖에 없다.

"책 쓰기는 혼자서도 할 수 있는 일이야."

어쩌면 이 생각 덕분에 말도 안 되는 도전을 시작했는지 모르겠다. 이번에도 실패를 먼저 생각했다. 실패한다면 어떤 문제가 생길지 구체적으로 그려봤다. 걱정할 만큼 큰 문제는 없었다. 책 쓰기에 도전하는 동안 집안일에 힘 쏟을 여유는 줄겠지만 큰일은 아니다. 전업엄마인 나의 가장 큰 역할인 아이들 돌보기는 공백 없이 할 수 있다. 아이들이 기관에 있는 동안에만 쓰면 되니까.

이 도전에 실패했을 때 직면할 가장 큰 문제는 아마도 스스로 좌절하는 마음일 테다. 그렇다면 나만 감수하면 된다. 실패했을 때 나를 덮칠 좌절과 허무를 이겨낼 마음만 먹으면 되는 일인 거다. 책 쓰기라는 거대한 작업은 말이다.

그래서 시작했다. 실패하더라도, 좌절하더라도, 혼자만 이겨내면 되니까 괜찮다고 다독이면서. 실패하는 삶이 도전 없는 삶보다 멋진 삶이라고 스스로 설득하면서.

글쓰기의 의미가 달라진 날

"우리는 모두 무언가를 쓴다."

어느 날 갑자기였다. 책을 다 쓰고 나서도, 그 책이 세상에 나오고 나서도, 북토크를 다니면서도, 내가 정말로 '갑자기' 책을 쓰고 싶어 한 줄 알았다.

또다시 어느 날 갑자기, 그게 아니라는 사실을 깨달았다. 어린 내가 꽤 구체적으로 책 쓰는 미래를 그렸던 날이 떠오른 것이다. 초등학교 6학년 때였다. 유치원 다닐 때는 학교 선생님을, 초등학교 저학년 때는 간호사 선생님을, 3학년 즈음부터는 의사 선생님을 꿈꾸던 내가 아나운서를 장래 희망으로 정한 해였다. 아나운서가 되고 싶은데 글도 쓰고 싶었다. 그러니 더 열심히 준비해서 유명한 아나운서가 되어야겠다고 생각했다. 내 이름을 건 내 책을 출간하려면 그에 걸맞은 사람이 되어야 하니까.

어릴 때부터 책을 좋아했다. 독서와 짝꿍 같은 글쓰기도 좋았다. 중학교 2학년 때 교내 백일장에서 상을 받은 후부터는 마음이 힘들 때마다 시를 썼다. 그러다가 신춘문예에 시를 몇 편 골라 보내보기도 했다. 물론 그렇게까지 뛰어난 실력은 아니어서 좋은 소식을 듣지는 못했지만 말이다. 신기한 건 쓰는 일을 좋아하면서도 장래 희망 목록에 작가를 추가한 적이 한 번도 없다는 점이다.

왜였을까? 어릴 때는 한 번도 이상하다고 생각한 적 없는데, 이제야 궁금해졌다. 어린 나를 가만히 돌아봤다. 그러다 보니 이유가 보였다. 아마도 전형적인 성공한 미래상에 작가가 없어서였을 거다.

학생 시절 나는 공부를 곧잘 하는 아이였다. 좋은 성적을 내는 모범생. 누군가가 강요하지 않아도 알아서 세상 기준을 내 기준으로 삼았다. 그렇게 사는 게 편하고 좋았다. 그런 아이에게 세상은 전형적인 기대를 한다. 그에 맞추어 나도 나에게 전형적인 기대를 했다. 좋은 대학에 가고 좋은 직업을 얻는 미래.

좋은 직업에는 다양한 기준이 있지만, 거기에 수입이 큰 비중을 차지했다는 것도 인정할 수밖에 없다. 돈을 엄청나게 많이 벌고 싶은 건 아니지만, 그래도 남들 보기에 초라하지는 않을 만큼 벌고 싶었다. 그런데 작가란 그 기준을 충족시키기 어려운 직업이지 않은가. 어린 나의 멋짐에는 낭만이 없었던 게 분명하다.

열심히 공부해서 대학에 가고, 또 열심히 공부해서 취업하는 동안 글 쓰는 내 자아는 온데간데없이 사라졌다. 언젠가는 내 책을 출간하고 싶다던 소녀는 기억 저편에 잠들었다. 무의식이 과거 희망 사항을 깨워 현재의 내가 실행하게 하는 동안에도 기억하지 못했다.

그러다가 어느 날 문득 알게 된 거다. 사실 오래전부터 꿈꾸던 미래라는 사실을. 그리고 아이러니하게도 작가의 꿈은 과거 내 기준으로 봤을 때 무용한 사람이 되고 나서야 실현 가능한 선택지가 되어 있었다.

 직장을 그만두면서 나는 내 명의의 수입이 없는 사람이 되었다. 초반에는 적응하기 힘들었지만 사람은 적응의 동물이라 이내 익숙해졌다. 나는 세상 기준으로 제일 유용한 도구인 돈을 벌지 않는 사람이었고, 아무도 내가 버는 돈을 기대하지 않았다. 나부터 그랬다. 엄마로 육아에 집중하는 게 내 역할이라고 여겼지 돈을 벌어야 한다고 생각하지 않았다. 가랑비에 옷 젖듯 서서히 진행된 변화라 느끼지 못했지만 시간이 지나 어느 날 문득 알게 됐을 때는 화들짝 놀랄 일이었다.

 과거의 나는 내 일과 일터가 자랑스러웠다. 지금 누리는 걸 놓을 자신도 없었다. 그러니 작가라는 또 다른 꿈은 떠올릴 이유조차 없었다. 그런데 이제 놓을 명예도 지위도 수입도 없는 사람이 되어 있었던 거다. '글 써서 돈 벌 수 있을까?' 하는 걱정 따위 할 필요도 없었다. 벌지 않아도 그만이다. 내가 구멍을 내서는 안 되는 내 역할, 엄마 일에 지장을 주지는 않을까만 걱정하면 되는 일. 다행히 이건 내가 콘트롤 가능한 영역이다.

내가 가진 게 없어서, 오히려 나는 시작할 수 있었다. 무용함과 유용함을 따지지 않고 그저 시작했다. 과거 기준 무용함이 유용함이 되고 과거 기준 유용함이 무용함이 되는 사이에, 도전 앞에 놓인 허들은 낮아져 있었다.

"원래부터 쓰는 일을 했었나요?"

작가가 된 후에 이런 질문을 받은 적이 있다. 그리고 나는 그렇지 않다고 대답했다. 마케터로 살다가 엄마가 됐던 내가 작가로서의 삶을 다시 시작한 건 완전한 전환이라 생각했었다. 그런데 과연 그럴까?

앞의 질문에서 '일'을 'job'으로 해석하면 내가 쓰는 일 자체를 직업으로 삼았던 적은 없다. 하지만 'work'로 해석한다면 쓰는 활동은 평생에 걸쳐 해오지 않았나. 어린 시절 학교에 다니는 내내 얼마나 다양한 쓰기 활동을 했던가. 일기도 쓰고 독후감도 쓰고 시도 쓰고 표어도 썼다.

대학에 가서는 리포트를 썼다. 신문방송학과 노어노문학을 했던 나는 시험 때마다 길고 긴 답안지를 써내기도 했다. 또 입사할 때 우리는 누구나 이력서와 자기소개서를 썼다. 특히 자소서는 머리 싸매고 몇 날 며칠을 고민할 정도의 빅 프로젝트였다. 입사해서도 마찬가지. 각종 보고서와 발표 자료에 쉴 틈 없이 써낸 것도 결국 글이었다.

직장을 떠나 일상에서도 쓰는 일은 흔하다. SNS는 그 자체로 쓰는 도구다. 유튜브와 같은 영상 플랫폼도 시나리오 없이는 완성도를 높일 수 없다. 전화보다 메시지가 더 편해진 시대. 메시지 역시 짧은 글이다. 구석구석 살피다 보면 우리는 누구나 무언가를 쓰고 있었다는 사실을 알게 된다.

　다시 돌아보면 나에게도 쓰는 일은 무용함과 유용함으로 나눌 수 없는 일상이었다. 한 번도 무용한 적 없었던 소중한 일상. 글쓰기라는 일상을 나만의 도구로 만들겠다고 결심하는 순간 무한히 유용한 일로 변모했다. 덕분에 새로이 시작하고 새로운 꿈을 꾼다. 이제 나는 멈추어도 멈추지 않는 삶을 산다. 쓰는 일은 쉽사리 끊어지지 않는다.

나에 대한 정의 찾기

"내가 나를 모르는데 책을 쓸 수 있을까."

아이만 키우던 여자가 책을 쓰겠다고 나선 지 두 달이 지났을 때였다. 당시 집필은 시작도 못 했고 이제 막 자료 조사를 마치고 있었다. 살림 챙기는 시간만 줄인 게 아니고 씻는 시간도 줄이고 먹는 시간도 줄이고 자는 시간도 줄여가면서 책 쓰기 하나에 매달렸다. 확신 없이 그만큼 갈아 넣을 수 있을까 싶을 정도로 최선을 다했다.

어느 때보다 몸을 바삐 움직였지만 사실 마음속에는

확신이 없었다. 승산이 전혀 없다고 생각한 건 아니었다. 다만 실패할 가능성이 그보다 많을 거라는 불안감이 컸다. 잘될 거라고 토닥이다가도 기대하지 말라고 나를 눌렀다. 오락가락 이랬다저랬다. 자신이 있는 건지 없는 건지 당최 알 수가 없었다. 어떤 마음으로 책 쓰기 작업을 하는 걸까. 욕심일까, 기대일까, 확신일까. 결과가 좋지 않아도 된다는 말은 진심일까. 남들의 기대를 낮추고 스스로를 속이기 위한 의미 없는 말에 불과한 걸까?

 어떤 날은 자신 있는 척했다. 자신도 없으면서 이렇게까지 하는 건 이상해 보일 수 있겠다 싶어서였다. 또 어떤 날은 결과 따위 상관없다며 거드름을 피웠다. 실패해도 체면은 지키고 싶어서였다. 내 깜냥에 덤비지 말았어야 하는 일에 도전하고서도 잔잔함을 유지하고 싶었지만 그런 깜냥 역시 못 됐다.

 수없이 흔들리면서도 나는 왜 멈추지 않는 걸까? 질문 앞에 하나의 문장이 떠올랐다.

"끝나기 전에는 아무것도 알 수 없어."

어릴 적부터 마음속에 새겨온 문장이다. 나는 쉽게 자신하는 사람은 아니지만 쉽게 포기하는 사람도 아니다. 자신하지 못하면서 그만두지도 않은 건 마지막 순간에 있을지 모를 반전을 알 수 없어서였다. 없을지도 모르지만 있을지도 모르는 반전. 결과는 끝까지 간 후에야 비로소 알 수 있다. 설사 실패를 확신한다고 해도 확신은 확신일 뿐 결과가 아니니까. 끝을 봐야 후회가 남지 않는다.

여기 우뚝 서 있는 나는 지금이라는 '점'이 아니라 과거부터 지금까지라는 '선' 위에 있다. 아니, 그보다는 환경과 관계와 수많은 경험이 만들어낸 '면' 혹은 '공간' 안에 자리한다. 어린 날부터 지금까지 나만의 삶을 이어오면서 배웠다. 그만두어야 하는 확실한 이유 없이 그저 확신이 없다는 이유로 그만둘 때 후폭풍이 얼마나 오래 마음을 할퀴는지 말이다. 그러니 이번에도 나는 자신하지 않지만 포기하지도 않는 사람으로 묵묵히 나아가야 했다.

혹여나 포기했다가 후회할까 걱정하는 마음은 확신에서 온다. 성공할 거라는 '확신'은 아니다. 이 일이 내가 정말 원하는 일이라는 '확신'이다. 그리고 그건, 시작하기 전 자신에게 수없이 묻고 답하는 과정에서 만들어진다. 첫 책을 쓰기 전에 나는 왜 책을 쓰고 싶은지, 왜 육아서인지 묻고 또 물었다. 육아 에세이를 쓰고 싶은 마음을 품었지만 책 쓰기 학원 선생님의 권유에 따라 육아서로 바꾸면서는 더 끈질기게 물어야 했다. '이게 정말 내가 원하는 게 맞아?' 하고 말이다.

나에 대한 여러 질문을 통해 알게 된 나는 이런 사람이다.

2006년에 입사해 2014년 퇴사할 때까지 대기업에서 마케터로 일했고, 일하는 나를 꽤 좋아했던 사람. 퇴사 후 다른 직업을 가지지 않고 두 아들 엄마로만 살아온 사람. 뒤늦게 내가 좋아하는 것을 붙잡아 물어 티tea

인스트럭터 자격증을 땄던 사람. 직업은 가지지 않았지만 하고 싶은 일은 소소하게라도 채워서 해온 사람. 육아도 소중하고 나도 소중한 사람. 좋은 엄마보다는 충분한 엄마로 만족하며 나도 계속해서 성장하고 싶은 여성.

그래서, 내가 얼마나 주도적인 사람이 되느냐만큼 내 아이가 얼마나 주도적인 아이로 자랄 수 있느냐도 중요한 엄마. 아이와 나의 주도성을 중요하게 여기면서 내 시간을 사수한 결과 엄마의 날이 충분히 행복하다고 말할 수 있게 된 엄마. 그러다가 어느 날은 "엄마로만 살면서 이렇게 당당하고 행복해 보이는 사람은 처음 봤어요." 하는 말을 듣게 된 사람. 내 행복의 근원을 찾아 책으로 써서 더 많은 엄마들이 행복을 찾도록 돕고 싶다는 마음으로 책 쓰기 세상에 발 디딘 사람.

이렇게 나를 알아가는 과정을 통해 도출해낸 결과가 '내 아이를 주도적으로 키우기 위한 육아서'였다. 내가 쓰는 육아서가, 나와 같은 소망을 가진 엄마들에게 필요한 책이 될 거라는 확신이 날 시작하게 했다. 확신이 있으니 쉽게 포기할 수 없었고 말이다.

  종종 환기가 필요할 때면 노트북을 챙겨 들고 석촌호수가 보이는 카페로 작업하러 갔다. 한적한 카페라 늘 호수 바로 앞자리가 남아 있었다. 한참 자료 작업을 하다 머릿속이 멍해질 때쯤 고개를 들었다. 가을을 녹진하게 담은 단풍과 시원한 호수가 눈을 거쳐 마음에까지 쏙 들어왔다. 그 순간, 어지럽던 머릿속이 정리됐다. 자연이 가진 힘은 실로 대단하다. 특별히 달라진 것도 없는데 아까와 달리 가슴이 벅찼다.

'이야, 나 진짜 멋지네.'

  성공을 예상하면 힘들어도 불안하지는 않다. 한정된 에너지를 불안함에 나눠줄 필요가 없다. 하지만 결과를 알 수 없는 일은 다르다. 작업 자체에 쏟는 에너지가 여기저기 분산되면 더 지칠 수밖에 없다. 그러다가 포기하고 싶어진다. 지금도 힘든데 끝내고 나서 또다시 좌절감을 감당해야 한다니. 얼른 그만두는 게 상책이지 싶다. 그런데 지금 나는 결과를 알 수 없는 일을 묵묵히 하고 있지 않은가. 그것도 이렇게 처절하게 내일이 없을 것처럼 최선을 다하고 있다. 이 얼마나 멋진가.

'지금 필요한 건 포기하지 않고 끝까지 달려본 경험일지도 몰라. 출간 성공은 마음대로 할 수 없지만, 끝까지 달려보는 일은 선택할 수 있잖아.'

초고의 마지막 페이지까지 기어코 써내는 일. 퇴고를 마치고 내 원고를 읽어줄지 안 읽어줄지 모르는 출판사에 마음을 담아 메일을 쓰는 일. 그걸 할지 안 할지는 내가 결정할 수 있다. 그래서 목표를 2단계로 설정했다.

1단계, 원고를 완성할 것.
2단계, 출간할 것.

이제 나는 무조건 목표를 달성할 수 있다. 2단계보다

더 멋진 1단계 목표를 기어코 달성해낼 테니까. 내가 그러기로 결심했으니까.

처음 쓰는 사람을 위한 가이드

"나를 찾아가는 질문을 던져보자."

누구에게나 자신만의 이야기가 있다. 내가 좋아하는 책 《언어의 온도》에서 이기주 작가님은 이걸 우주만 한 크기의 사연이라고 표현했다. 이 얼마나 멋진 말인가. 자신의 이야기가 사소하다고 여겨 쓰기를 먼 나라 얘기로 생각하는 사람들에게 꼭 알려주고 싶은 표현이다.

처음 글쓰기 강의를 기획할 때 기획서를 썼다. 그때 타깃 고객으로 정한 건 '글을 못 쓰는 사람'도 '글쓰기를 하고 싶은 사람'도 아니다. 내가 생각한 고객은 매력적인 글로 세상과 소통하고 싶은 사람들이었다. 이들은 글쓰기를 하다 종종 난관을 만난다. '매력적'인 글이라는 단어가 제약을 만들기 때문이다.

글쓰기에 도전하는 이들은 그냥 글이 아니라 사람들이 멋지다고 생각하는 글을 쓰고 싶어 한다. '멋지다'의 기준은 언제나 내 수준 위에 있다. 그런데 자신의 가치를 박하게 평가하다 보면 글쓰기 전에 이미 자신감을 잃으니 시작하기 어렵다.

시작하지 못하는 이들이 일단 쓰도록 돕고 싶었다. 모든 사람에게는 매력적인 스토리가 있다고 믿는다. 당연히 각각의 스토리는 고유함을 간직한 채 반짝거릴 테고 말이다. 세상에 꺼내놓기만 한다면 충분히 멋진 이야기들을 만나고 싶어 글쓰기 프로젝트를 시작했다.

글이 쓰고 싶다면 가장 먼저 가져야 할 건 자신감이다. 나에게 좋은 이야기가 있다는 믿음을 가져야 한다. 그리고 그 믿음은 진실이다. 물론 나의 이야기보다 앞서 책이 된 이야기, 특히 베스트셀러가 된 이야기들은 어마무시하다. 그런 이야기와 비교하다 보면 나에게는 쓸 만한 소재가 하나도 없다고 느껴진다. 하지만 그렇지 않다. 나라는 사람이 고유하고, 내 경험은 나만 알기 때문에 그것만으로도 충분히 가치 있다.

아직 세상에 꺼내지 못한 우리들의 이야기가 매력적이라고 자신 있게 말할 수 있는 것은 이미 숱하게 보았기 때문이다. 글쓰기 프로젝트를 진행하면서 "전 쓸 이야기가 하나도 없어요."라고 했던 사람들이 결국 써낸 이야기들을 말이다. 나는 알지 못하는 세상이 그들의 글 속에 있었다. 그러니 믿자. 내 안에는 글과 책으로 쓰기에 충분한 우주만 한 스토리가 담겨 있다. 단지 지금껏 깨닫지 못했을 뿐이다. 사람들은 자기가 겪었던 일이 익숙해서 대단한 스토리를 가지고도 평범하다고 느낀다.

일단 쓰기 시작할 글의 첫 번째 독자는 나다. 우선 나를 알아야 하니 내가 독자인 글을 쓰자. 그러면 부담이 훨씬 적어진다. 내 안에 있는 소재를 어떻게 찾아야 할지 모를 때는 스스로에게 이렇게 질문해보자. 아마 다른 사람에게는 여러 번 물어보면서도 나에게는 묻지 않았을 법한 흔한 질문이다.

"무엇을 좋아하나요? 하다 보면, 혹은 바라보면 저절로 미소가 지어지는 무언가가 있나요?"
"당신이 오랫동안 해온 일이 있나요? 무엇인가요?"
"'내가 이건 제일 잘 알지' 싶은 것이 있나요?"
"내가 생각하는 나의 장점은요?"
"아마 장점을 묻는 질문에 답하기 어려울 거예요. 이번에는 가까운 사람에게 물어봅시다. 당신의 장점이 무엇인지요. 어떤 답을 얻었는지 써볼까요?"
"과거에 좋아했던 일이 있나요? 시간을 투자하면서도 시간이 아깝지 않았던 일요."
"지금 나에게 아무런 제약이 없다면 하고 싶은 일이 있나요?"
"당신의 인생 책은 무엇인가요? 인생 영화는요? 잊지 못할 여행은요? 왜 그것들이 당신의 인생 ○○이 되었나요?"

참 이상하다. 나에 대해서는 내가 제일 잘 알 것 같은데 정작 물으면 답이 바로 떠오르지 않는 것이 많다. 얼마나 자신에게 무관심했는지 비로소 깨닫게 된다. 글쓰기를 시작하기 전에 먼저 나에게 묻자. 묻다 보면 쓰고 싶은 이야기가 생겨난다. 짧은 글부터 하나씩, 질문에 대한 답을 찬찬히 적으면서 거기에 숨은 마음을 꺼내다 보면 글에도 살이 붙는다.

좋은 글을 쓰기 위한 조건

"나와 끊임없이 질문을 주고받다."

나는 두 종류의 글을 쓴다. 나를 위한 글과 독자를 위한 글이다. 둘 다 소중하지만 내가 글쓰기를 할 때 더 중요하게 생각하는 건 나를 위한 글이다. 글쓰기를 통해 나에 대해 더 잘 알게 됐고 내 감정도 잘 다스릴 수 있게 됐으며 글쓰기의 위로 효과를 알았기 때문이다. 나는 글을 쓰고 싶어 하는 다른 사람들도 먼저 '나를 위한 글'에서 위로를 얻으면 좋겠다.

'나를 위한 글'은 여러 가지로 유용하다. 그 자체로 쓰는 연습이기 때문에 나를 알기 위해 쓰는 동안 글 쓰는 능력도 함께 성장한다. 그러니 그저 나를 위해 쓰고 싶은 사람에게도, 언젠가는 독자를 위한 글을 쓰고 싶은 사람에게도 똑같이 필요하다고 생각한다.

나를 알아가기 위해 2020년 '나·찾·기'라는 이름의 글쓰기 과정을 시작했다. '나·찾·기'는 '나를 찾아가는 기분 좋은 글쓰기 여행'을 줄인 말이다. 내가 글쓰기 코치 역할을 맡아 수강생들이 자신에 대한 글을 쓸 수 있도록 돕는 과정이었다. 이를 계기로 조금씩 변주하며 다양한 프로그램을 기획하고 진행했다. 가장 최근에는 매주 하루를 정해 쓰는 '쓰는 날 프로젝트'를 시작했다. 그런데 나 혼자 쓰는 단계를 지나 다른 사람이 쓰는 일을 돕기 시작하면서 새로운 고민이 생겼다. 내가 하는 일은 글쓰기 기술을 가르친다기보다 자신의 이야기를 끌어내도록 돕는 일이다. 그러다 보니 어떤 질문을 하느냐가 중요하다.

글쓰기 과정의 첫 시간은 주제를 선정하기 전에 진

행하므로 우선 질문으로 시작한다. 먼저 수강생들에게 자신이 좋아하는 것, 잘하는 것, 기억에 남는 시간이나 경험들에 대해 먼저 묻는다. 나를 잃어가는 시간에 제일 먼저 찾아야 할 것은 내가 좋아하는 나여야 한다. 수강생들은 열정을 다해 춤을 배우던 젊은 날을, 첫사랑의 풋풋함을, 첫아이를 만나고 키워내던 설렘을 꺼내놓았다. 자신도 잊고 있던 내가 사랑했던 나의 모습을 쓰다 보니 오늘이 행복해졌다는 이도 있었고, 이제는 커버려 데면데면해진 아들과 글을 공유하면서 사랑한다는 말을 나눌 수 있게 되었다는 이도 있었다. 수강생들의 반응을 보며 글이 주는 유익은 나만 느끼는 특수한 것이 아니라 누구나 쓰기만 하면 얻을 수 있는 보편적인 선물이라는 확신이 날로 커졌다.

질문은 프로그램 진행 내내 이어진다. 주제를 정해 꾸리는 글쓰기 프로그램도 많지만 '나·찾·기'나 '쓰는 날 프로젝트'에서는 수강생들에게 내가 먼저 주제를 던지지 않는다. 무엇보다 처음부터 끝까지 오롯이 글을 쓰는 내가 주체가 되어야 진짜 나를 쓸 수 있다. 몇 가지 질문에 답한 후에는 간단한 가이드를 제시하고 스스로 주제와 목차를 잡는 시간을 갖는다. 스스로 질문하고 답하는 시간인 셈이다. 이때 많은 이가 난감해한다. 나에게 질문하고 답하는 경험이 낯설다는 사람이 대부분이다. 그래서 질문하는 사람이 필요하다.

글쓰기 프로그램을 진행하면서 나는 얼기설기 떠다니는 아이디어들을 듣고 이렇게 묻는다.

"그러면 다음에 또 비슷한 경험이 있었겠네요?"
"그때 어떤 결심을 하셨어요?"
"그들과의 관계는 어떻게 이어졌나요?"
"그 경험으로 무엇을 얻으셨어요? 덕분에 이어진 다음 단계는 무엇인가요?"
"그것과 관련해서 앞으로 더 하고 싶은 일이 있나요?"
"지금 말씀하신 경험이 이번 결심에 영향을 준 건가요?"

이렇게 꼬꼬무식 질문을 이어간다. 그러다 보면 목차가 완성되고 대화를 나누던 수강생이 말한다.

"어머. 시작 전에는 아무것도 못 쓸 줄 알았는데 한 시간 만에 목차가 생겼네요."

이러한 과정들은 내게도 많은 영감을 준다. 특히 글쓰기 프로그램을 진행하면 할수록 자꾸 더 나은 질문을 하는 코치가 되고 싶었다. 그때 내가 찾은 해결책이 전문 코치 자격증이다.

"소령 님은 코치가 잘 어울리는 것 같아요."
"코치 자격증 한번 따보시는 거 어때요?"

감사하게도 내게 이런 말을 해주는 이들이 늘어갔다. 아무래도 글쓰기 프로그램을 코칭 방식으로 진행하다 보니 참여자들이 그런 느낌을 자주 받는 모양이다. 하지만 왜인지 마음이 썩 내키지 않았다. 그런데 어느 날 갑자기 자격증을 따봐야겠다는 생각이 들었다.

자격증 자체보다 자격증 준비 과정에서 배울 질문법이 더 궁금했다. 실제로 코치로 활동하고 있는 지인에게 물어보고 곧장 자격증 과정에 등록했다. 이래서 모두에게는 각자의 타이밍이 있다고 하나 보다.

돌아보면 내가 어떤 일을 시도한 모든 순간이 그랬다. 누가 알려줘도 흘려들었던 정보나 조언이 어느 날 갑자기 내가 지금 반드시 해야만 할 것으로 다가온다. 이럴 때마다 급하게 갈 필요 없다고 생각한다. 내 마음을 다해 꼭 하고 싶은 날이 오면 해도 늦지 않다고.

자격증을 준비하면서 코칭 교육을 듣고 필기시험을 치르고 실기시험도 치르고서 KAC 인증 코치가 됐다. 코치가 되었다고 해서 대우가 달라지지는 않지만 기대했던 대로 새로운 질문을 할 수 있는 사람이 되었다. 무엇보다 나 스스로도 코칭 프로세스를 제대로 숙지하고 운영할 수 있다는 점에서 자신감이 생겼다.

왜 본인의 능력을 믿지 못하냐고, 충분히 가져도 될

자신감을 가지지 못하냐고, 지인들이 자주 묻는다. 그럴 때마다 웃고 만다. 이렇게 타고난 걸 어쩌냐고. 이번에도 배우면서 지금껏 내가 해온 게 틀리지 않았다는 걸 알았고, 새로운 무기도 장착했으니 그걸로 됐다.

코치의 역할은 스스로가 이미 가지고 있는 답을 찾도록 돕는 것이다. 코치는 모든 사람이 스스로 답을 가지고 있다고 믿는 첫 번째 사람이다. 나는 이 철학이 특히 마음에 들었다. 글쓰기 프로젝트를 이끌면서 생긴 가장 큰 고민이 바로 내가 모두에게 답을 줄 수 없다는 점이었기 때문이다. 하지만 내가 나를 찾는 과정 속에서도 스스로 묻는 시간이 있었다. 나의 질문에 답을 찾아내는 지난한 과정을 거친 후에야 나만의 답을 찾을 수 있었다.

이제 나는 안다. 누군가가 던져준 답이 아니라 내가 찾아낸 답이 필요하다는 사실을. 내가 뭐라고 타인의 답을 알 수 있겠는가. 내가 할 수 있는 일은 질문하고 기다리는 일, 상대방이 생각할 시간을 주고 꺼내도록 격

려하는 일이라고 생각했다. 나는 나에게 끊임없이 묻는 사람이니까 묻는 역할은 할 수 있다고 믿었다. 이러한 내 철학이 틀리지 않았음을 KAC 인증 과정을 거치면서 알았다.

코칭 과정에서 여러 가지 질문을 배웠지만 내가 유난히 좋아하는 질문이 있다.

"만약 당신에게 아무런 제약이 없다면 무엇을 하고 싶은가요?"

지난 몇 번의 도전을 거치면서 과거의 내가 스스로 제약을 만들어 스스로 가두었다는 것을 깨달았다. 물론 제약은 제약이다. 내가 무언가 시도하는 데 걸림돌이 된다. 눈앞에 보이는 분명한 사실 때문에 제약은 넘지 못할 산이 된다. 하지만 그중엔 넘을 수 있는 제약도 있다. 실은 '넘고 싶은 제약'과 '굳이 넘고 싶지 않은 제약', 이렇게 두 가지가 있는 것이다. 제약이 없다면 하고 싶은 일이 무얼까 하는 상상만으로도 제약 너머의 일들을 볼 수 있다. 한번 보고 나면 넘어볼 용기도 생긴다. 어떻게 넘을지는 각자가 고민할 문제다.

  타인에게 질문할 힘이 생긴다는 건 나에게 질문할 힘도 생겼다는 뜻이다. 덕분에 내가 내 마음을 들여다보는 깊이도 달라졌다. 나를 아는 사람은 강하다. 코치가 되는 과정에서의 배움은 내가 나를 더 강하게 만드는 무기가 되었다. 그리고 나와 함께 쓰는 이들이 더 강해지도록 돕는 마음도 조금 더 단단해졌다.

나와 너, 우리가 주인공인 이야기

"당신의 이야기를 들려주세요."

TV를 보다가 어느 유명 작가 이야기를 들었다. 살면서 모든 일이 잘 풀릴 수 없는데 무언가 제대로 풀리지 않는 순간이 되면 '오, 이거 언젠가 작품에 쓸 수 있겠는데' 라는 생각을 한다고 했다. 작가들에게는 버릴 순간이 없겠다. 그런 삶도 참 괜찮은 걸 싶었다.

어느덧 나도 쓰는 사람이 되었다. 그 유명 작가처럼 훌륭한 소설을 쓰지는 않는다. 하지만 경험을 끌어다 쓰는 측면에서는 비슷하다. 테크니컬하게 소설 속 주인공의 상황에 내 이야기를 끌어다 넣는 능력은 없지만 내 이야기를 끌어와 사람들과 나누는 글은 쓸 수 있다. 쓰는 사람이 되면서부터 모든 경험에 의미가 생겼다. 무엇보다 의미를 부여하기 위해 나의 모든 경험을 더욱 찬찬히 들여다보게 됐다. 그러다 보면 글을 위해서가 아니라 내 삶을 위해서 배워야 할 사실들을 알게 된다.

  대학교 4학년 때, 교환학생으로 러시아 모스크바에 갔다. 한 학기의 짧은 일정이었다. 학기 중에는 멀리 가기 어려웠기에 학기가 끝나자마자 페테르부르크 여행을 하기로 했다. 기차표도 사고 숙소 예약도 했다. 대망의 출발 날 아침, 하필 그 순간에 배가 아프기 시작했다. 처음에는 그러다 말겠지 했는데 점점 움직이지도 못할 정도로 심해졌다. 도저히 떠날 수 없었다. 나와 친한 친구들은 모두 페테르부르크로 떠났고 나만 홀로 기숙사에 남겨졌다.

  감사하게도 당시 모스크바에서 의대 재학 중이던 친

구가 아픈 나를 위해 약을 바리바리 챙겨 달려와줬다. 어떻게든 해결되겠지 안심했는데 친구가 상태를 살피더니 병원으로 가잔다. 오랜 시간이 흘러 지금은 어떤지 모르겠지만 당시는 "배 아플 때 러시아 병원에 가면 일단 배부터 열어본대." 하는 괴담이 만연할 때였다. 맹장인 것 같다며 수술하자더니 열어보고는 아니라며 다시 닫았다는 이야기를 심심찮게 들었다. 그런데 바로 그 증상으로 병원에 가라니, 안 될 일이었다. 나는 버티고 버티다가 "너 이러다가 한국 가는 비행기도 못 타. 내가 우리 병원으로 데려다 달라고 할게. 응급차 부르자." 하는 말에 결국 일어났다. 그런데 응급차를 부르고 보니 병원 지정이 안 된다는 것 아닌가. 깜깜한 밤, 모스크바 외곽의 낯선 병원 응급실에 그렇게 떨궈졌다.

   러시아 병원의 응급실은 한국에서 경험한 응급실과는 많이 다른 풍경이었다. 일단 환자가 하나도 보이지 않았다. 침침한 응급실에서 본 사람은 나를 진료한 의사 딱 한 사람. 이것저것 묻고 상태를 보더니 일단 입원하자며 입원 병동으로 안내했다. 거기서부터는 환자만들어갈 수 있다며 친구도 돌려보냈다. 헛, 이제 겨우 기초 수준의 러시아어를 하는 내가 병원에서 소통이 가능할 리가 없는데. 암담한 마음 반, 여기에 들어가면 이 통증은 잡아주겠지 하는 기대 반으로 지정해준 층으로 혼자 올라갔다. 혼. 자. 친구를 보냈을 뿐 아니라 의사도 몇 층인지만 알려주고서 태연하게 돌아갔다.

의사가 알려준 해당 층에 올라가니 복도에 앉아 있던 간호사가 침대 시트를 주면서 말했다. "여기가 병실이니까 들어가서 빈 침대 하나 골라서 펴고 누워." 응? 나 지금 제대로 걷지도 못하게 아픈데? 당황스러우면서도 아무 말 못 하고 안쪽 침대에 누웠다. 너무 아파서 시트는 펼 수도 없었다. 새우처럼 웅크리고 누워서 아침이 오면 의사가 올 거란 희망으로 버티고 버티다가 통증이 더 심해졌다. 이러다 큰일나겠다 싶어 간호사라도 부를 생각으로 복도로 나갔는데, 기억은 거기까지.

나를 보고 깜짝 놀라 복도 끝으로 뛰어가는 어느 환자의 모습이, 다시 이어진 기억의 시작이다. 한쪽 볼이 너무 차가웠다. 정신 차리고 보니 눈앞은 복도 바닥. 하아, 무슨 병원이 이래. 환자가 쓰러지고 다른 환자가 발견해서 달려갈 때까지 아무도 모르고 있다니. 그래도 다행히(?) 쓰러지고 나자 간호사가 여럿 달려왔고, 침대에 커버도 씌워줬고, 약도 하나 먹여줬다. 그렇게 전혀 원치 않았던 러시아 병원에서의 첫날을 보냈다.

기초 러시아어로 의사, 간호사, 환자들과 겨우겨우 소통하면서 환자 정보를 작성하고, 의사 진료 후 정기적으로 나오는 약을 받아먹고, 위장병 환자에게는 어울리지 않는 빵과 버터로 식사하면서 며칠을 보냈다. 말도 통하지 않는 곳에서 할 일이 없어 침대에 쪼그리고 앉아서 멍하니 바라보던, 병실 내부와 창밖이 함께 보이는 풍경이 지금도 선하다. 너무 심심해서 종이와 볼펜을 얻어 일기를 쓰고, 그것으로도 모자라서 병실 그림을 그렸다. 드디어 퇴원, 다시 기숙사로 돌아오던 날 페테르부르크에 갔던 친구들도 돌아왔다. 서로 다른 곳에서 돌아온 짐을 동시에 풀면서 참 재밌다고 생각했다.

그래. 이것도 여행이었구나. 친구들은 페테르부르크 여행, 나는 모스크바 외곽 병원 여행. 누가 또 이런 경험을 해보겠어. 이 경험이 삶에 어떤 식으로든 영향을 줄 테고, 그러니 나의 5일도 의미 있는 시간이었을 거야. 어렴풋이 그런 생각을 했다.

  시간이 지나 나는 쓰는 사람이 되었다. 이런 글 저런 글 소재 찾아다니기가 일이다. 그러다 문득 모스크바에서의 일이 떠올랐다. '계획대로 되지 않은 여행'이라는 제목으로 여행 이야기 시리즈를 만들어보기로 했다. 당연히 첫 번째 에피소드는 모스크바 병원 이야기다. 사실 글로 쓰겠다는 아이디어는 갑자기 떠오른 게 아니다. 나는 대체로 재미없는 사람인데, 이 이야기를 할 때만은 사람들이 흥미를 보이며 집중하는 경험을 여러 번 했던 것이다. 어색한 자리에서 이 이야기가 여러 번 나를 구원했다.

  쓰는 사람은 결국 이야기꾼. 늘 같은 소재만 떠오를 때 좌절한다. 이제는 서두에서 말했던 유명 작가의 이야기에 누구보다 공감한다. 매끄럽지 않은 경험이 글을 더 흥미롭게 만든다. 덕분에 삶을 바라보는 시각이 부드러워졌다. 쓰는 사람에게는 실패도 소재가 되니까, 원치 않는 일이 생겼을 때 '지금을 잘 지나면 이것도 글이 되겠지' 하고 생각한다. 잘 지난다는 의미는 극복해낸다는 뜻. 글이 아니어도 극복해야 할 이유는 수없이 많지만 좋은 이유 하나 더해지면 더 긍정적인 마음으로 시간을 지나게 된다.

슬픔을 치유하는 글쓰기

"인생의 희로애락을 숨기지 마세요."

작년 봄, 남편이 갑자기 아팠다. 언젠가부터 자꾸 숨이 찬다고 하더니 급기야는 움직이기가 힘들다고 했다. 워낙 건강한 사람이라서 더 당황스러웠다. 검사 결과, 밖으로 드러난 증상은 빈혈이었다. 문제는 원인이 확실치 않다는 점. 원인이 무엇이냐에 따라서 심각도도 대처방법도 달라질 텐데 명확히 잡히지 않으니 애만 탔다. 응급의학과에서 소화기내과와 혈액종양내과 중 어디로 입원할지 의논 중이라고 했을 때, 애타는 마음은 불안이 됐다. 최근 몇 년 사이, 건강했는데 갑자기 혈액종양내과 쪽에서 진단받고 몇 개월 만에 유명을 달리한 내 또래 지인이 몇 명이나 있었기 때문이다.

응급실은 시작에 불과했다. 결국 소화기 내과로 입원했는데, 각종 검사 후에도 원인을 찾지 못했다. 임시방편으로 계속 수혈하는 것밖에는 할 수 있는 치료가 없었고, 매일 다양한 원인이 제시됐다가 사라지기를 반복했다. 입원 일주일 후, 드디어 원인을 찾았다. 소장에서 찾은 종양. 소장의 종양은 악성일 가능성이 적다기에 잠시 마음을 놓는데, 이번에는 의사 선생님이 암일 가능성이 크다는 소견을 내놓았다. 인터넷으로 찾아본 그 암의 5년 후 생존율은 60퍼센트. 수술하고 조직검사 결과를 들을 때까지 속이 타들어갔다. 한 달에 걸친 이 스토리의 결론은 양성. 그제야 우리 가족의 일상을 찾았다.

한 달 남짓, 나는 병원의 남편을 챙기고 집에 있는 두 아이를 챙기고 바로 다음 달로 예정된 부산에서의 한 달짜리 글쓰기 강의를 준비했다. 조직 검사 결과를 들은 다음 날은 당일치기로 부산까지 내려가서 해야 하는 강의의 첫 수업 날이었다. 다행히 모든 준비를 마친 채로 그날을 맞을 수 있었다. 급박한 와중에도 해야 하는 일을 착착 해나간 것처럼 보이지만 사실 처음부터 그랬던 건 아니다.

   나는 걱정이 많은 사람이다. 미리 고민할 필요 없는 미래의 걱정까지 끌어다가 스스로 괴롭히는 사람이 나다. 처음 응급실에 가서 의사 선생님으로부터 심각성에 대해 듣는 순간부터 내 걱정 회로는 최대치로 활성화됐다. 비교적 위험도가 적은 원인이기를 바라면서 검사 결과를 기다렸지만 아무것도 발견하지 못했다는 소식을 들은 날은 최악을 상상했던 전날보다 더 강력한 엔진이 돌아가는 느낌이었다. 게다가 완전히 새로운 주제로 강의를 시작하기로 한 4회차 강의가 코앞이었다. 지금 당장 준비해야 하는 걸 알면서도 머리가 돌아가질 않았다. 그러다가 다시 PPT 파일을 열어 강의 내용을 작성할 수 있게 된 건, 현재 상황에 대한 글을 쓴 다음 날이었다.

가벼운 상황이 아니어서 쓰기가 겁났다. 그래서 며칠을 혼자 분투하다 문득 글로 써야겠다는 생각이 들었다. 인스타그램을 열어서 간단하게 적어 내려갔다. 글의 말미에는 해야 할 일이 많은데 아무것도 손에 잡히지 않아 큰일이라는 말도 덧붙였다. 그런데 거짓말처럼 다음 날 나는 차분한 마음으로 강의 준비를 시작할 수 있었다. 생각해보면 모두 그날 쓴 글 덕분이다. 글을 쓰면서 마음이 차분해졌다. 밑도 끝도 없이 불안하던 마음에 유격이 생긴 것이다. 벽도 생기고 바닥도 생겼다. 글로 정리하다 보니 내가 얼마나 지나치게 걱정하고 있는지 보였다. 몇 마디로 정리된 상황은 걱정이 무한대로 퍼져나가지 않도록 문이 있는 집을 만들어줬다. 오늘 내가 할 수 있는 일은 여기까지. 걱정에 선을 그으니 내 일을 할 공간이 생겼다.

게다가 쓰는 동안 내가 나를 도닥일 수 있었다. '그래. 너는 이런 게 두려운 거구나' 하면서 마음을 돌아볼 수 있었고 '괜찮을 거야'라고 쓰면서 나를 안심시킬 수도 있었다. 최악일 가능성만큼이나 별일 아닐 가능성도 크다는 인식 역시 쓰다 보니 더 선명해졌다. 불안해하는 나를 알고 보내준 지인들의 응원도 물론 컸다. 걱정하는 내가 당연하다며 인정해줬고 다 괜찮을 거라 위로도 해줬다.

'지금 써야만 할 것 같아.'

사실 그날 내가 그렇게 생각한 데는 또 다른 이유가 있다. 2020년에 했던 경험 때문이다. 당시의 나는 K-QUEEN 선발 대회에 지원해서 1차 서류전형에 합격한 상태였다. 2차는 면접 전형이었고, 아직 어린아이를 키우는 전업맘에게 평일 면접 참석은 무리가 필요한 일정이었다. 그때 나는 어차피 2차 면접에 가더라도 합격하지 못할 거라 예상했다. 그래서 면접을 보러 가기 힘들겠지만 1차 합격으로 이미 기쁘다는 글을 가벼운 마음으로 썼다.

그런데 그때 예상치 못한 반응이 쏟아졌다. 아이를 맡길 곳이 없다면 맡아주겠다는 사람이 여럿 나타난 것이다.

'출근하는 날이지만 회사 1층 카페로 아이를 데려오시면 데리고 있을 수 있습니다.'
'저는 자영업자라서 제 사무실에 아이 맡기시면 봐드릴 수 있어요.'
'제가 휴가 내고 가겠습니다.'

아들 둘 키우며 편한 옷만 주로 입는 나에게 '혹시 면접에 입고 갈 적당한 옷이 없으면 제가 빌려드릴께요' 하는 DM까지 왔다. 얼마나 감동했는지 모른다. 내가 꼭 무사히 면접을 볼 수 있으면 좋겠다는 응원의 말이 마음을 울렸다. 실제로는 만나본 적 없는 사람도 다수였다. 이 얼마나 신기한 일인가.

나는 생면부지의 사람들에게서 응원을 받자 어떻게든 면접은 봐야겠다고 결심했다. 게다가 하늘이 도왔는지 남편 휴가가 가능한 날로 면접 일정이 변경됐다. 옷을 빌려 입고 메이크업도 하고 최선을 다해 면접에 임했다. 결과는 불합격. 결과를 궁금해할 이들을 위해 빠르게 소식을 전했다. 하지만 나는 그 글 덕분에 전에는 받아보지 못한 응원과 위로를 받을 수 있었다. 내 도전과 실패 과정에 본인이 힐링을 얻었다는 댓글도 있었다.

  선발 대회 면접과 주변의 응원을 경험한 덕분에 어떤 글에 힘이 있는지도 알게 됐다. 진솔한 글. 반짝이는 모습만 내놓은 글 말고, 울퉁불퉁한 마음 그대로, 매끄럽게 풀리지 않는 상황 그대로 내놓은 글. 성공을 말하는 글이 아니라도 실패했기 때문에 얻은 마음을 그대로 풀어놓은 글을 사람들은 좋아했다. 그런 글에는 공감이 들어갈 틈이 있기 때문이다. 댓글을 하나하나 읽으면서 깨달은 것은 포장하지 않고 날것 그대로 보여준 상황과 감정이 사람들의 마음에 더 깊이 들어간다는 사실이었다. 두루뭉술하지 않고 뾰족하게 쓰기 위해서는 지금 내가 몸소 겪은 경험이 필요하다. 아직 지워진 곳 없는 날것의 경험.

당시에는 아이 둘 데리고 고군분투하는 나에게 공감하는 사람이 많았다. 매끄럽지 않아서 더 공감되는 부분이 분명 있었을 거다. 그래서 이번에도 남기고 싶었다. 언젠가 지금의 날것 그대로의 감정이 필요한 순간이 올 것 같아서. 별일 아닐 가능성과 심각할 가능성, 양극 사이에서 줄 타며 불안해하는 어느 아내의 심정을 담아둔 글이 남아 있으면 좋겠다는 생각이 들었다. 미래의 나를 위해서도, 미래의 누군가와 마음을 나누기 위해서도.

글에는 치유의 힘이 있다. 치유에도 다양한 방법이 있지만, 마음을 정리하고 나누는 과정이 하나의 방법이 되기도 한다. 매끈한 이야기만 글이 되는 건 아니다. 때로는 울퉁불퉁한, 지극히 현실적인 희로애락이 내 글의 존재 가치가 된다.

시시하지만 꾸준한 글쓰기

"다시, 나의 시간을 찾아줄 일상의 습관"

나는 '꾸준한 사람'이라는 별명을 가지고 있다. 좀 더 구체적으로는 '꾸준히 쓰는 사람'이라고들 부른다. 처음에 누군가로부터 "꾸준히 쓰시는 거 정말 대단해요."라는 말을 들었을 땐, "제가요?"라고 반문했다. 또 누군가가 "소령 님은 꾸준함의 아이콘이죠."라고 했을 때는 의아했다. 내가 생각하는 나는 쓰다 말다를 반복하는 사람이기 때문이다. 흔하디 흔한 1일 1포스팅도 잠시 해봤을 뿐이다. 그런데도 사람들이 나를 꾸준히 쓰는 사람으로 인지하는 이유는 뭘까? 아마 멈추더라도 그만두지는 않기 때문일 것이다. 쓰다 말다에서 끝나지 않고 새로운 텀의 쓰다 말다 '쓰다'를 가지고 오는 것이다.

솔직히 나도 내가 꾸준한 사람인 줄 알았다. 소위 말하는 엉덩이 힘이 꽤 있는 사람이기 때문이다. 목표가 생기고 마감이 있으면 자리에서 일어나지 않고 몇 시간씩 앉아서 작업할 수 있다. 회사에서 일할 때, 밤샘 워크숍을 한 적이 있다. 원하는 결과를 얻을 때까지 릴레이 회의와 자료 조사가 이어지는 워크숍. 그때 함께 일하던 친구가 놀란 듯이 말했다.

"지금까지 몇 시간이 지나도록 그 자리에 그대로 앉아 있었던 건 너밖에 없어. 우리 다 조금씩 움직였는데 너만 시작할 때 자리 그대로야."

학창 시절 시험 기간에도 그랬다. 독서실에 한번 가면 밤늦게까지 화장실도 거의 안 가고 문제집을 몇 권씩 풀어댔다. 회사에서도 마찬가지. 며칠씩 야근하면서 보고서를 만들었다. 학창 시절도, 회사 생활도, 몇 달짜리가 아니었다. 몇 년을 꾸준히 해왔다.

  혼자 쓰는 작업을 시작하면서 나의 꾸준함을 믿었다. 꾸준한 데다 글쓰기도 좋아하니까 1일 1포스팅도 식은 죽 먹기일 줄 알았다. 그런데 이상하게 일정 시간이 지나면 시들해졌다. 몇 년씩 같은 간격으로 꾸준히 쓰기를 지속하는 사람도 있는데, 나야말로 그런 일을 제일 잘해낼 사람이라 생각했는데, 쉽지 않았다. 왜일까? "왜?"라는 질문을 한참 반복한 결과, 답을 찾아냈다. 내가 가진 것은 집중력과 성실함이었지, 꾸준함이 아니었다. 나의 집중력과 성실함에는 조건이 있었다. 끝이 있을 것. 끝이 필수였다.

  SES의 '달리기'라는 노래를 좋아한다. 그중 제일 좋아하는 가사는 '틀림없이 끝이 있다는 것'이라는 부분이다. 힘에 부치는 일을 해야 할 때, 나에게 중요한 것은 결과가 아니었다. 끝이 있다는 사실이 더 중요했다. 이 일이 영원히 지속되지는 않을 거라는 확신. 시험 기간마다 사력을 다해 뛸 수 있었던 것은 시험일이 지나갈 거란 사실을 알기 때문이다.

첫 책을 쓰는 동안에도 많은 것을 포기했는데, 이 역시 원고를 완성하고 투고하는 순간이 온다는 사실을 알았기 때문이다. 마지막 챕터를 완성하는 날을 애타게 기다렸기에 쉬지 않고 쓸 수 있었다. 빠르게 쓸수록 끝도 빨리 올 테니까. 그런 나에게 몇 년을 한결같이 쓰는 꾸준함이란 가까워지기 어려운 상대다. 그나마 쓰는 일은 좋아하니 시간을 정하면 비교적 할 만했는데, 하나의 주제로 계속 쓰는 미션은 걸림돌이 됐다. 어쩌면 계속 쓰면서도 네이버 인플루언서가 되지 못한 이유도 그래서였을 것이다. 자꾸 새로운 글이 쓰고 싶어졌다. 도저히 하나의 주제로만 쓰는 일은 할 수 없었다.

구구절절 설명했듯이 나는 꾸준함과는 거리가 먼 사람이다. 글쓰기를 아무리 좋아해도 쓰기 싫은 날도 있다. 그런데도 꾸준하다는 말을 들을 수 있던 비결을 지금부터 말해보려 한다. 간단하고 시시한 비결이다. 그건 바로, 계속해서 새로 결심하기. 이 결심에는 중요한 조건이 하나가 있다. 절대 만만하지는 않지만 조금 노력하면 충분히 지킬 수 있는 결심이어야 한다. 만만한 결심은 재미가 없을뿐더러 이뤄낸 이후에도 쾌감이 없다. 반대로 노력이 무자비하게 필요한 도전은 포기를 부른다. 그러니 그 중간쯤 어딘가, 할 수는 있지만 조금은 어려운 미션을 찾는다.

예를 들면 이런 것들이다. 앞으로 열흘 동안 매일 글을 써서 10회 분량의 시리즈 글 완성하기, 앞으로 20주 동안 매주 수요일에 한 편씩 글쓰기. 영원히 매일 하기는 어렵지만, 열흘쯤 매일 실천할 수는 있고, 영원히 매주 수요일을 지키기는 어렵지만 20주 정도는 수요일을 지킬 수 있다. 물론 단 하루라도 글 쓰는 시간을 빼려면 노력이 필요하다. 그 노력을 열흘 정도, 20주 동안 매주 한 번 정도는 할 마음을 먹으면 조금씩 채워진다. 그리고 하나가 끝나면 다시 새로 시작한다. 꿈꾸고 바라보며 달리던 끝이 오면 새로이 끝을 만드는 것이다.

결심과 결심 사이에는 빈 시간이 있어도 괜찮다. 쉬어야만 다시 달릴 수 있는 사람이 있다. 중요한 건 '다시'다. 다시 시작하기만 하면 그만두지 않은 사람이 된다. 나는 그런 방식으로 6년째 글을 써오고 있다. 아직 완전히 그만두지 않았으므로 계속해서 써온 사람으로 분류된다. 가끔 5년 동안, 10년 동안 매일 아침 썼다는 사람을 보면 경외심이 든다. 부럽기도 하다. 따라 해보기도 하고, 실패에 좌절해보기도 했다. 하지만 이제는 그냥 인정한다. 나는 그런 종류의 사람이 아니라고. 그들도 물론 쉽지 않았을 것이다. 엄청난 노력 덕분에 지속할 수 있었겠지. 그러니 나는 그저 노력이 부족한 사람일 수도 있다. 하지만 대신에 계속 새로이 결심하는 노력을 하고 있으니까, 나를 탓하지 않기로 했다.

어떤 날은 잘게 쪼갠 결심들이 자가 증식 하기도 한다. 몇 년 전 한두 달 정도 1일 1포스팅에 성공한 적이 있었는데, 사실 처음부터 목표로 삼은 것은 아니었다. 당시 목표는 매일이 아니라 일주일에 3일 포스팅 하기. 그런데 하다 보니 할 만했고, 마음이 내키는 만큼 추가로 쓰다 보니 매일이 됐다. 얼마 전에는 매주 목요일에 글 하나씩 발행을 목표로 잡았는데, 몇 주 정도 한 주에 하나만 쓰니 아쉬운 마음이 들었다. 결국 또 하나의 시리즈를 만들어 월요일 글쓰기를 추가했다. 이렇게 부담되지 않는 작은 결심을 하다 보면 쓰기에 익숙해진다. 글쓰기에 익숙해지면 쓰는 양을 늘릴 수도 있다. 누구나 하나의 목표를 향한 과제를 오래 실천하기 위해서는 지속적으로 자신을 칭찬할 수 있는 완성의 순간이 필요하다. 끝이 있는 결심을 반복하는 것은 나를 칭찬할 순간을 반복하는 것과 같다.

2.
나만의 정의, 표현, 생각 정리하기
"우리는 모두 같지만 다른 이야기를 갖고 있다."

"쓰다 보면 지금껏 이렇게 나를 몰랐구나 싶어 놀란다. 그리고 지금이라도 알게 되어 다행이라는 생각이 든다. 이제 나는 마음이 어지러울 때 해야 할 일을 안다. 일단 쓴다. 나를 잘 아는 사람은 강하다. 그러니 글쓰기는 나를 강력하게 만드는 도구다."

글쓰기의 선택과 집중

"글감을 선별하는 틀을 만들어라."

"나 취직했어."

동네 언니들에게 거짓말을 했다. 도저히 책을 쓴다고 말할 수 없었다. 쓰고 있는 게 책인지 아닌지조차 아직 모르지 않는가. 출간에 성공해야 책이 되는 거지, 그렇지 않으면 그저 글 더미에 지나지 않을 테니 말이다. 아무 말도 안 해도 되는데 왜 굳이 거짓말까지 했냐고 묻는다면 시간을 확보하기 위해서였다.

당시 나는 아이들을 기관에 보내고 수다 떠는 시간을 좋아했다. 매일 아침 유치원 셔틀에 태워 보내고 나면 헤어지지 못하고 그 자리에 서서 한 시간을 떠드는 건 기본이었다. 그런데 책을 쓰겠다 결심하고 보니 1분, 1분이 너무 소중해졌다. 아이 둘을 부지런히 등원시키고 나면 9시 30분. 첫째 하원 시간은 2시 30분. 온전히 글쓰기에 집중할 수 있는 시간은 다섯 시간 남짓이다. 4개월 안에 투고 완료가 목표였으니 어느 시간도 허투루 쓸 수 없었다. 자주 여유롭게 커피 타임을 가지던 사람이 갑자기 시간이 없다고 하면 어딘가 이상할 것 아닌가. 이런저런 핑계도 하루이틀이고 말이다. 그래서 취직했다는 거짓말을 했다. 그렇다고 출근할 사무실이 있는 것도 아니니 재택근무를 한다고 둘러댔다.

매일 진짜로 출근하는 마음으로 식탁에 앉았다. 당시에는 책상도 없어 식탁이 작업대였다. 거기에서 자료 조사도 하고 글도 썼다. 점심시간이 되면 간단한 식사를 준비해 먹으면서 일했다. 한 챕터당 대략 두 시간에서 두 시간 반. 매일 두 챕터 쓰는 걸 목표로 씻는 시간까지 줄여가며 몰입한 시간이었다.

　아이들 키우면서 어떻게 책까지 썼냐고 많이들 묻는다. 비결은 포기다. 지금껏 좀 더 있어 보이는 표현인 '선택과 집중'으로 답해왔는데, 어느 날 깨달았다. 선택과 집중보다 중요한 것은 포기였다. 타고난 완벽주의를 지우는 데서부터 새로운 결실은 시작됐다. 바쁜 회사생활 때문에 포기했던 개인사 중 하나가 살림이었다. 이번에도 그것부터 포기했다. 살림에 들어가는 시간을 가능한 한 많이 줄였다. 되돌아보면 살면서 가장 절실하게 '효율'을 따져 살아낸 시간이었다.

　출간 계약 후에는 블로그를 통한 마케팅을 시작했다. 이제는 작가도 마케팅을 해야 한다는 말에 매일 포스팅을 결심하고 한동안 매일 블로그 포스팅도 했다. 그때 매일을 지킬 수 있었던 것도 출근하는 마음으로 임했기 때문이다. 그런데 블로그 한다고 컴퓨터 앞에 두세 시간씩 앉아 있는 게 아깝게 느껴졌다. 이게 뭐라고 여기에 이렇게 많은 시간을 쓰고 있는가. 지금껏 블로그는 취미 활동으로 여겼기에 드는 생각이었다. 그래서 생각을 바꾸기로 했다. 그때부터 블로그 글쓰기는 취미 활동이 아닌 일이 됐다.

"지금부터 매일 컴퓨터 앞으로 출근할 거야. 지금 쓰는 블로그 글은 그냥 쓰는 글이 아니야. 곧 출간될 내 책의 마케터로 취직한 내가 업무의 일환으로 쓰는 글이야. 그러니까 만사 제쳐두고 컴퓨터 앞에 앉는 나를 존중해줘."

남편에게 말했다. 아마도 사실은 나에게 하고 싶은 말이었을 것이다. 남편은 한 번도 불만을 표한 적이 없으니까. 스스로 알아서 눈치를 보는 건 그냥 나였다.

누구라도 자신이 만들어내는 성과가 눈앞에 보이지 않을 때 움츠러든다. 무엇보다 소중한 시간이 기회비용이 되기 때문이다. 그 시간에 할 수 있는 다른 일이 하지 않은 일이 되어 눈앞에 남는다. 지저분한 집이나 늦게 준비된 저녁 식사 같은 것들 말이다. 이렇게 손에 잡히는 결과물이 없을 때 마음가짐은 더 중요해진다. 내 마음을 내가 잘 잡아야 한다. 명확한 그림을 그리고 틀을 만들어서 자리와 역할을 스스로 지정해두면 덜 흔들린다. 흔들릴 때 제자리 찾기도 더 쉽다.

출근하는 마음으로 시간에만 틀을 만든 건 아니다. 글에도 틀이 필요하다. 책이든 마케팅을 위한 블로그 글이든 팔려야 하는 글은 평소처럼 쓸 수 없었다. 시간 관리에 필요한 효율도, 선택과 집중도, 포기도, 모두 필요한 게 독자를 위한 글쓰기였다. 쓰는 글의 효율을 위해 쓸 글과 쓰지 않을 글을 구분했다. 쓰고 싶은 글이 아무리 많아도 주제에 맞지 않는다면 제외했다. 육아서에도 '주체적인 아이로 키우는'이라는 주제가 있었기에 너무 좋은 육아법이라도 주체성과 상관없다면 제외해야 했다. 두 번째 책을 쓸 때도 마찬가지였다. 아이들과의 에피소드야 차고 넘칠 수밖에 없다. 이건 너무 귀엽고, 이건 너무 의미 있고, 그렇지만 아이들로 인해 내가 성장하는 데 도움되는 에피소드만 선택해 집중했다.

선택과 집중이 특히 어려운 글은 블로그 글이었다. 내게 SNS는 수다의 장이었기 때문이다. 시시콜콜 하고 싶은 얘기가 너무나 많은 탓에 마케팅할 주제에 맞는 글만 써야 할 때는 얼마나 답답했는지 모른다. 하지만 틀에 맞는 글을 쓰면 쓸수록 블로그는 성장했다. 동시에 인스타그램은 양적으로 성장하는 의외의 효과도 있었다.

마케팅에 집중한 몇 달, 제일 처음 한 건 주제 정하기였다. 일상이 주제였던 블로그에 육아라는 주제를 새롭게 입혔다. 주 3일 육아와 관련된 콘텐츠를 올렸다. 육아 도구, 엄마표 놀이 같은 육아 팁들이었다. 그 외에 주 1일은 개인적인 육아 일상을 올렸다. 역시 글에도 틀이 필요하다. 정하고 긋지 않았다면 하나의 주제로 그렇게 오랫동안 쓰지 못했을 것이다.

요즘 나는 프리랜서로 다양한 일을 한다. 일반적인 기준으로 출근이라 정의하기에는 어려운 일들이다. 그래서 여전히 프로젝트가 시작될 때마다 나만의 기준이 필요하다. 오늘의 근무시간은 몇 시부터 몇 시까지, 오늘 마무리할 업무량은 이만큼, 이 글이 말해야 할 주제는 이것. 오늘 이 글도 안방을 사무실 삼아 쓰고 있다. 이제 곧 오전 근무가 끝난다. 이 챕터가 끝나면 점심을 먹고 오후 근무를 시작해야지.

날카로운 송곳 하나

"단어 하나, 문장 하나에 깃든 나만의 표현을 찾아라."

 글쓰기를 시작할 때 가장 접근하기 쉬운 글감은 나에 대한 이야기다. 또 나라는 글감을 표현하는 글 중 대표적인 형식은 일기 혹은 에세이다. 일기와 에세이의 가장 큰 차이가 뭘까? 독자의 유무다. '다른 사람이 읽기를 원하는가, 원하지 않는가'가 두 글의 차이다.

 SNS 글쓰기 강의에 가면 주로 "일기 쓰지 마세요." 한다. 솔직히 나는 'SNS에 일기 쓰면 어때서' 하는 쪽이지만, 더 많은 사람이 나의 글을 읽기 원한다면 말은 달라진다. 그때는 일기를 쓰더라도 독자를 고려한 방식으로 써야 한다. 결국 순수한 형식의 일기는 안 된다는 말이다.

누군가의 일상은 일기고, 누군가의 일상은 에세이가 된다. 여기에는 어떤 차이가 있을까? 미묘하고 어려운데 간단히 말해보면 일상을 써 내려가는 와중에 독자에게 도움이 되는 무언가가 있어야 한다는 점이 포인트다. 흔한 이야기라 이미 한 번씩은 들어봤을 세 가지 원칙이 있다.

1) 지식을 주거나
2) 감동을 주거나
3) 재미를 주거나

한마디로 상대방이 글을 통해서 얻는 게 있어야 한다는 뜻이다. 때로는 세 가지 원칙에 딱 맞아떨어지지는 않지만 타깃에게 필요한 공감과 위로를 주는 글도 있을 수 있다.

책의 목차를 짤 때마다 수많은 에피소드 중 무엇을 넣고 무엇을 뺄까 고심해서 정한다. 중요한 기준은 각각의 에피소드에서 내가 얻은 바가 있는가였다. 사고방식을 바꾸는 계기가 된 에피소드, 새로운 도전을 할 수 있는 용기를 준 에피소드, 소소한 행복을 찾게 해준 에피소드, 가끔은 슬퍼해도 된다는 위로를 준 에피소드 등 내가 그 순간에 삶의 힌트를 얻었다면 독자에게도 도움이 될 거라 생각했다. 이때 중요한 게 있다. 바로 타깃 정하기다.

독자에게 어떤 이야기가 도움이 될지 판단하려면 독자가 누구인지 명확히 알아야 한다. 나는 최대한 나와 비슷한 사람을 타깃 독자로 정한다. 첫 책을 쓸 때 내 타깃은 막 육아를 시작하던 시절의 나와 비슷한 사람들이었다. 아이만큼 스스로가 중요하고 나의 자율성이 중요한 만큼 아이의 자기 주도력에도 관심이 많은 엄마. 하지만 처음이라서 균형 잡기 어렵고 다양한 정보 앞에서 무엇을 취해야 할지 헷갈리는 엄마. 내가 그런 엄마였기 때문에 쓸 수 있는 책이었다.

두 번째 책 역시 마찬가지다. 이 책은 아이와 함께하는 시간이 충분히 행복하면서도, 내 일도 하고 싶은 엄마를 타깃으로 삼았다. 굳이 대단해지고 싶어서가 아니라 자신의 능력을 발휘하는 경험도 하고 싶은 사람들. 하지만 공백이 길어지면서 작은 시작도 망설이게 된 엄마들에게 나도 했으니 당신도 할 수 있다는 메시지를 주고 싶었다. 내 경험이 그들의 새로운 시작에 힌트가 되었으면 했다.

어떤 글을 써야 할지 고민된다면 나와 제일 비슷한 그룹을 타깃 독자로 정해보자. 그러면 무엇을 쓸 때 그들에게 도움이 될지 알기 쉽다. 일상을 하나씩 톺아보면서 1년 전의 내가, 3년 전의 내가, 10년 전의 내가 알았다면 좋았을 것을 뽑아보자. 일상의 지혜를 깨닫기 위해 보냈던 시간을 그들은 절약하기를 바라는 마음으로, 나를 괴롭힌 문제들이 독자들은 덜 괴롭게 하기를 바라는 마음으로 쓰다 보면 세상에 필요한 글이 된다. 단, 무언가를 가르치겠다는 생각은 금물. 에세이라면 그저 나의 일상과 생각을 보여준다는 생각으로 쓰는 것이 좋다. 인사이트가 충분히 있는 경험이라면 독자가 자신의 상황에 맞추어 필요한 내용을 얻어낼 것이다. 판단은 독자 몫으로 남겨두는 거리가 필요하다.

독자에게 도움이 되는 글을 쓰기 위해서 기억해야 할 중요한 사항이 있다. 이야기는 자세하고 명확하게 써야 한다는 점이다. 두루뭉술하게 적당히 표면만 훑듯 쓰다 말면 안 된다. 굳이 나까지 세상에 보태는 글이 가치 있는 이유는 뭘까? 그건 각자의 경험이 고유하기 때문이다. 같은 일도 나라는 캐릭터가 했기 때문에 다른 사람이 했을 때와 다른 지점이 생긴다. 같은 장면을 보고서도 우리는 모두 다른 생각을 한다. 소위 개별성이다. 멀리서 보면 다 비슷해 보이는데 자세히 보면 다 다른 것처럼 우리의 이야기도 자세히 써야 개별성이 드러난다. 이야기를 깊이 파고들어야 나만의 표현이 깃든 단어와 문장을 찾을 수 있다. 그래야만 글이 뾰족해진다.

그러니까 에세이를 쓴다는 의미는 그러한 개별성과

다른 사람들도 공감할 수 있는 보편성 사이에서 줄타기하는 것과 같다. 나만의 고유한 경험이지만 거기에 공감하고 무언가를 얻어갈 만한 보편성은 있어야 하는 것. 예를 들어, 내가 두 아이를 키우면서 새로운 일을 하고 싶다고 느낀 순간을 자세히 기록하면 매우 개인적인 이야기지만 비슷한 상황에 있는 엄마들은 같은 갈망을 가진 탓에 동질감을 느끼게 된다. 그들에게는 내가 용기를 낸 경험이 자신만의 도전을 시작할 포인트가 될 수 있다. 우리는 모두 다르면서 비슷하고, 비슷하면서 다르다. 그 본질은 에세이에도 투영된다.

기억의 도구들

"순간을 메모하면 무기가 된다."

 두 번째 책을 쓰고 나서 한번은 독자로부터 기억력에 대한 칭찬을 들었다. 당시 퇴사 후 두 아들과 지내며 겪은 에피소드가 주 재료였는데, 첫째가 두 살쯤이던 시절부터의 이야기가 빼곡히 들어 있으니 모두 기억해서 썼다고 생각한 모양이다. 그럴 리가. 일상을 쓰는 사람인 나는 기억력이 매우 나쁜 편이다. 얼마 전 김민철 작가님 강연에서 자신도 기억을 잘하지 못해서 기록을 남긴다는 이야기를 들었는데 어찌나 반갑던지. 나도 마찬가지다. 기억력이 나빠서 쓰는 사람이 된 것 아닐까 하는 생각을 자주 한다.

  그런데 어떻게 과거에 있었던 소소한 에피소드까지 길어다가 한 권의 책을 만들었을까? 그 비결은 바로 메모다. 어디에든 어떤 방식으로든 써놓기만 하면 된다. 메모는 읽을 만한 글의 형식이어도 되고, 나만 알아볼 수 있는 단어의 나열이어도 된다. 심지어 글이 아니라 음성이어도 괜찮다. 다시 확인할 수만 있으면 휘발되지 않은 기억이 된다. 책을 쓰기 전, 목차를 잡기에 앞서서 모든 창고를 뒤졌다. 블로그, 인스타그램, 브런치스토리, 메모 앱, 노트. 거기에서 하나씩 잡아 올리고 분류하고 모으고 살을 붙여서 한 권의 책을 만들었다.

  내가 가장 흔하게 사용하는 메모 장소는 SNS다. 일기로 사용하는 인스타그램은 메모 역할도 겸한다. 짧은 글이 어울리는 플랫폼이라 부담이 없어서 더 좋다. 기억하고 싶은 순간을 얼른 남기고 싶은데 공유하고 싶기도 할 때, 짧게라도 다른 사람이 읽을 만한 글로 쓸 수 있을 때, 주로 이용한다. 개인 메모와는 다르게 읽는 사람을 고려해야 하므로 간략하게라도 머릿속을 정리하고 단정하게 쓰게 된다. 또 완전히 풀어지지 않을 수 있고 너무 각을 잡지도 않는 메모를 할 수 있어 매력적인 도구다.

　블로그나 브런치스토리는 좀 다르다. 나의 경우, 두 플랫폼에는 주로 긴 글을 올리기 때문에 메모를 업로드하기에는 무리가 있다. 대신 저장 기능을 사용한다. 글쓰기 버튼을 누르고 메모하고 싶은 내용을 아무렇게나 쓰고 저장하는 식이다. 기억할 사진이 있다면 함께 넣어둘 수 있다. 이렇게 저장해두면 나중에 글 쓸 때 편하다. 저장 목록에서 살을 붙여 발행하고 싶은 소재를 선택하고 열면 백지 상태일 때보다 글쓰기를 시작하기가 쉽다.

　두 번째 메모 장소는 메모 앱이다. 다양한 메모 앱이 있는데, 주로 사용하는 앱은 에버노트, 노션 그리고 스마트폰에 기본으로 내장된 노트앱이다. 에버노트와 노션은 스마트폰과 PC 모두에서 쉽게 연동되어 좋다. 둘다 기능을 깊이 안다기보다 메모할 수 있을 정도만 배워서 쓰고 있다. 당장 생각나는 글을 두서없이 써 내려 갈 때는 주로 에버노트 앱을 쓴다. 노트를 여는 느낌이라서 글쓰기에 더 적합한 느낌이 있다. 노션은 미리 PC에서 페이지를 만들어두고 해당 사항을 메모할 때 사용한다. 지금은 독서 노트를 노션에 쌓아가고 있다. 새로운 프로젝트가 시작될 때 노션에서 기획서를 만들기도 한다. 일단 뼈대만 만들어두고 틈틈이 생각나는 내용을 채워 넣는 식이다. 스마트폰 기본 앱은 기능이 적은 만큼 사용하기도 쉽다. 그냥 열고 쓰면 끝이라서 앞뒤 생각할 겨를 없이 급할 때는 이 앱을 열게 된다. SNS와 메모 앱의 가장 큰 차이는 공개 여부다. 남이 읽을 만한 형태로 다듬을 시간이 없을 때 사용하기 좋다. 완성도를 떠나 공개할 단계가 아닐 때도 물론 유용하다.

세 번째 메모 장소는 대화 앱이다. 카카오톡에서는 나와 대화하기가 가능하다. 이도 저도 다 귀찮을 때는 일단 카카오톡을 열어 나에게 메시지를 보내놓는다. 익숙하고 손쉬운 대신 단점도 있다. 검색이 가능하기는 하지만 분류가 어렵다. 나처럼 기억력이 좋지 않은 사람은 쓸 때 분류하지 않으면 어떤 키워드로 검색해야 할지 기억나지 않을 때가 더 많다. 그래서 카카오톡에 메모한 내용은 여유가 생기면 바로 메모 앱으로 옮긴다.

그 외에 음성 녹음도 사용할 수 있다. 요즘은 다들 스마트폰을 가지고 있으니 녹음 가능 기기를 늘 가지고 다니는 셈이다. 실제로 주변을 보면 음성 녹음 기능을 편리하게 사용하는 사람들이 많은데, 사실 나는 음성보다는 글로 쓰는 걸 선호하는 편이다. 옆 사람한테 내 생각을 들키고 싶지 않아서랄까. 왠지 눈치 보여서 밖에서는 중얼거리지 않게 된다. 그렇지만 여행처럼 풍경에서 눈을 떼기 어려울 때는 녹음 기능을 유용하게 쓴다. 말의 흐름이 빠른 인터뷰 상황에서도 필수다. 이러한 음성 메모를 글로 옮기는 작업도 만만치 않은데 다행히 도와주는 도구가 있다. 나는 네이버 클로바노트를 주로 사용한다.

전통적인 메모 도구인 노트와 펜 역시 빼놓을 수 없다. 몇 년 전까지만 해도 아날로그가 좋다며 노트를 선호했는데, 최근에는 특별한 경우에만 노트에 메모한다. 아무래도 스마트폰이 휴대성도 좋고, 연필로 쓰는 것보다 속도도 더 빨라서. 하지만 분위기 있는 곳에서 찬찬히 생각하며 쓰고 싶을 때는 예쁜 노트와 만년필을 챙긴다.

음식을 하려면 재료가 있어야 하듯 글을 쓸 때도 재료가 필요하다. 재료가 풍부해지면 필요한 것만 골라 묶어서 최상의 조합을 만들 수 있다. 짧은 메모라도 살을 붙이면 좋은 글이 된다. 요리조리 아무리 봐도 별것 아닌 메모도 모이면 의미가 생긴다. 재료가 많아지면 패턴이나 변화를 발견할 수 있기 때문이다. 메모하기 전에는 몰랐던 새로운 주제도 생겨난다. 혹시나 모두 기억한다고 해도 머릿속에서만 굴렸다면 보이지 않았을 구조가 보인다. 물론 메모의 가장 큰 장점은 기억이다. 글로 적어 휘발되지 못한 기억은 그 자리에 남아서 내 무기가 된다.

과거의 나를 이해하기

"기억과 기록은 다르다."

글쓰기가 나를 강하게 만드는 또 하나의 이유가 있다. 기억은 휘발되지만 기록은 남는다. 아무리 인상적인 경험도 시간이 지나면 잊게 마련. 하지만 써놓은 것은 어디 가지 않는다. 종이와 펜은 머리보다 강하다. 지난 시간이 텅 빈 것 같을 때, 기록들을 읽다 보면 알게 된다. 어느 순간도 비어 있었던 적은 없다는 걸 말이다.

종종 과거의 선택을 후회할 때가 있다. 나는 그럴 때 과거 선택 시점의 나에게로 돌아가려고 애쓴다. 지금 생각하면 잘못된 선택으로 보일지라도 그때의 나에게는 분명한 이유가 있었다고 믿기 때문이다. 그런 순간은 더더욱 상세히 기록해야 한다. 미래의 내가 다시 돌아와서 읽을 때 과거의 나를 이해할 수 있도록. 미워하는 대신 과거의 선택에서 배우고 끌어안고 나아갈 수 있도록. 나의 날들이 흩어지지 않도록 글로 단단히 붙들어 매어야 한다.

첫째가 세 살일 무렵, 어린이집 하원 후 아파트 앞 계단에서 놀고 있을 때였다. 갑자기 아이 뒤로 태양 빛이 쏟아지는 느낌이 들었다. 빛과 해맑은 표정의 아이가 한 프레임에 들어왔다. 절로 행복해졌다.

'그래. 이게 지금 아이와 보내는 시간을 선택한 이유야. 이 순간을 가지지 못했다면 얼마나 아쉬웠겠어.'

퇴사한 지 오래 지나지 않아 미래에 후회하지 않을지 확신이 없어 두려운 시기였다. 그래서 얼른 사진으로 찍고 글도 남겼다.

'혹시라도 나중에 후회한다면, 아이와 24시간을 보내기로 결심한 덕분에 이런 행복이 있었다는 걸 기억해야지. 그 선택이 나에게 선사한 선물이 있었다는 걸 여기 남겨둬야지.'

모든 선택에는 득과 실이 있다. 우리 삶은 언제나 복잡하고, 시간이 지나면 그중 일부만 기억에 남는다. 너무 좋은 부분이나 너무 나쁜 부분만 기억나는 경우도 많다. 그럴 때는 과거의 선택을 이해하기 힘들어지기도 한다. 그런데 기록해두면 알 수 있다. 그때 나에게 무엇이 있었는지. 그러면 이해하기도 쉬워진다.

나를 이해하는 날들이 모여 내가 조금씩 더 단단해져 가고 있다는 걸 안다. 그래서 지금도 잊기 전에 기록하려 노력한다. 미래의 나에게 꼭 필요한 힌트가 되어주길 바라는 마음으로 말이다. 이렇게 거창한 이유가 아니더라도 있는 그대로 기억하고 싶은 일상은 수없이 많다. 그리고 자주 우리는 착각한다. 평범한 날은 잊더라도 특별한 일은 쉽게 잊지 않을 거라고 말이다. 나는 일찍이 내 기억력의 한계를 알았다. 메모를 일상화한 것도 그 때문이었다. 그런 나도 디테일 하나 잊지 못할 거라고 생각한 사건이 하나 있다. 몇 년 후, 다시 한번 기억의 하찮음을 깨닫게 한 사건.

2018년 3월, 둘째 돌잔치 전날이었다. 아이를 재우려고 불 끄고 안방에 누웠다가 작은 사고가 났다. 자기 싫다며 일어나서 돌아다니던 아이가 넘어지면서 협탁 모서리에 부딪친 거다. 아이의 울음이 심상치 않아 불을 켠 나는 눈두덩이에서 피가 나는 얼굴을 발견했다. 길게 찢겨 벌어진 상처에서 피가 눈물처럼 흐르고 있었다. 응급실로 달려가 몇 시간을 대기했고, 수면 마취 후 일곱 바늘을 꿰맸다. 성형외과 선생님이 있는 응급실을 찾아갔지만 꽤 길었던 상처는 결국 흉터를 남겼다. 더욱 난감했던 건 그러고서 돌잔치를 해야만 한다는 사실이었다. 큰맘 먹고 예약한 돌잔치 스냅도 찍어야 했다.

여기까지가 내가 최근까지 사람들에게 해왔던 돌잔

치 전날 무용담이다. 어찌 이런 사건을 잊을 수 있을까. 그런데 어느 날 문득 이상한 점을 발견했다. 사촌 동생과 그녀의 결혼식 날에 대해 이야기를 하던 중이었다.

"네 결혼식 날 우린 아침부터 병원에서 꿈이 상처 소독하고 가느라 바빴잖아. 하필 바로 전날 밤에 다쳐서 꿰매 가지고는."

응? 어떻게 된 거지? 응급실에 갔던 다음 날 오전에 병원에 가서 소독하고 간 곳이 돌잔치 장소가 아니라 사촌 동생 결혼식장이었다.

'아, 그게 돌잔치 전날이 아니고 이틀 전이었구나. 사촌 동생 결혼식 다음 날 꿈이가 돌잔치를 한 거였어.'

그러다가 석연찮은 점이 하나 더 생각났다. 상처를 꿰맨 바늘 수가 다섯 바늘이었을까, 일곱 바늘이었을까. 아무리 생각해도 일곱 바늘은 너무 많은 것 같은데, 적어도 다섯 바늘 이상이었던 것 같고 짝수는 아니고 홀수였던 것 같다. 그 이후로는 돌잔치 전날 무용담이 이틀 전 무용담으로 바뀌었고, 몇 바늘을 꿰맸는지는 정확지 않지만 다섯 바늘 혹은 일곱 바늘로 바뀌었다. 그까짓 디테일이 뭐 그리 중요하냐고 할지 모르지만 이 중요한 사건을 정확하게 기억할 수 없다는 사실이 아쉬운 건 어쩔 수 없다.

  비단 이것뿐일까. 내가 잊었는지도 모르고 잊은 게 얼마나 많을까. 왜곡된 줄도 모르고 정확하다고 믿는 부정확한 기억이 얼마나 많을까. 지금, 이 순간 내게 소중한 사건이 미래의 어느 날 어떻게 잊힐지 누가 알까. 어디가 지워지고 무엇이 더해질지, 그게 어느 정도 아쉬운 이야기일지 지금 나는 알 수 없다. 그러니 기록하자. 시간이 지나도 그대로 남아 있는 기록을 믿는 편이 훨씬 안전하다.

당연한 것에서 새로움 찾기

"일상의 관찰자에겐 자기만의 사전이 있다."

일상은 일상이다. 굳이 사전에서 찾아보자면 '날마다 반복되는 생활'. 일상은 뭐 그냥 일상이지. 이런 말 말고는 설명하기도 쉽지 않은, 특별하지 않은 시간. 그러니 일상에서 글 소재를 찾는 일이 쉬울 리 없다. 그래서인지 일상에서 소재를 어떻게 찾느냐는 질문을 자주 받는 편이다. 하루에도 몇 개씩 쓰고 싶은 글이 생기는 나는 어디에서 소재를 가지고 오는 걸까? 아마 어릴 때는 단점이라고 생각했던 생각 많은 성격 탓이 아닐까 싶다.

일상을 살다 보면 마음에 걸리는 순간이 있다. 갑자기 뭉클하다거나 문득 눈물이 난다거나 특별히 크게 웃는다거나 이상하게 어떤 장면이 눈에 밟힌다거나. 그럴 때 그냥 지나치지 않는 게 나의 첫 번째 비결이다. 그럴 때마다 나에게 "왜?" 하고 묻는다. 나 지금 왜 눈물이 나는 거야? 이 순간이 눈물 날 만큼 슬픈가? 과거에 나에게 비슷한 경험이 있었나? 요즘 내가 이런 주제에 심리적으로 취약한가? 이렇게 감정적 동요의 이유를 스스로 물으며 잠깐 차오르는 눈물에도 의미를 부여하는 식이다. 그러다 보면 생각에 길이가 생긴다. 점이 선이 되면 문장이, 문단이 되고 글이 된다.

그냥 계속 바라보다 생각이 펼쳐질 때도 있다. 벌써 10년이 넘었는데 아직도 기억나는 장면이 하나 있다. 결혼 전 살던 작은 빌라 앞 골목에서 올려다본 하늘이다. 맑은 날이었다. 구름 한 점 없이 파란 하늘을 보고 싶어 고개를 들었다. 그런데 거기에는 엉망으로 엉킨 전선들이 있었다. 짜증이 났다.

'하늘이 저렇게 예쁜데 온 사방으로 뻗은 전선들 때문에 온전히 볼 수 없다니. 저 전선들만 없으면 좋았을 텐데.'

한참을 바라보면서 아쉬워하다가 문득 '전선이 있든 없든 그 위에 하늘이 있다는 사실은 달라지지 않는데' 싶었다.

우연히 바라본 하늘에서 시작한 생각은 꼬리에 꼬리를 물어 우리 삶에도 비슷한 순간이 많다는 생각으로 이어졌다. 어렵고 힘들 때 우리는 다음을 잊는 경향이 있다. 이것만 지나면 된다는 사실을 알면서도 현재에 갇히곤 한다. 전선이 있다고 하늘이 사라지지 않았듯, 지금 힘들다고 나를 지탱해준 사랑이 사라지지 않는데 말이다. 무심코 바라본 장면에서 이런 깨달음을 얻고 나면 지나치는 장면에 무심할 수 없게 된다. 어디든 조금 더 머물면 새로운 목소리가 들리지 않을까 싶어서.

많은 단어가 딱 떨어지는 사전적 의미와 여러 가지

사회적 의미를 가지고 있다. 하늘의 사전적 의미는 '지평선이나 수평선 위로 보이는 무한대의 넓은 공간'이지만 우리는 자주 하늘에서 희망을 찾곤 한다. 이런 뻔한 은유부터 나만의 의미 부여까지 무엇이든 가능하다. 전선 역시 사전적으로는 '전류가 흐르도록 하는 도체로서 쓰는 선'에 불과하다. 하지만 파란 하늘을 가린다는 생각이 드는 순간 방해꾼이라는 새로운 의미가 부여됐다. 마인드맵에 연상되는 단어를 하나씩 붙여 나가듯이, 눈앞에 보이는 현상이나 사물에 새로운 의미를 부여해보면 쓸거리도 늘어난다.

그런데 아무리 기다려도 쓸거리를 발견하는 순간이 찾아오지 않는다면 조금 노력해보자. 기억 속의 하늘과 전봇대는 굳이 고개를 들어 올려다봤기 때문에 눈에 들어왔다. 그러니 앞만 보고 걷는 대신 평소 보지 않는 곳까지 두리번거려보는 건 어떨까? 어느 오후, 무심코 창밖을 보다가 그림자를 하나 발견했다. 고개를 우측으로 45도 돌리고 다시 45도쯤 고개를 들면 보이는 지점에서 눈에 들어오는 것이 있었다. 앞동 옆면에 드리워진 옆동 그림자였는데 그게 어찌나 예뻐 보이던지 한동안 시간 날 때마다 들여다보며 변화를 관찰했다. 어느 날은 작아지고 어느 날은 커지는 그림자가 매일 달라지는 우리의 하루 같았다. 우리 마음을 살짝 건드릴 이런 장면은 우리가 둘러보지 않은 어느 귀퉁이에 있을 가능성이 크다.

두 번째 비결은 주제 정하기다. "절대 코끼리 생각을 하지 마세요." 하면 코끼리 생각만 나고 다이어트 중에는 먹고 싶은 것만 생각난다. 머릿속에 집중할 주제가 생겼기 때문이다. 생각하지 말라는 코끼리는 이미 머릿속에 들어왔고, 먹는 걸 참으려니 참아야 하는 대상인 음식이 떠오른다. 우리는 하나에 꽂히면 계속 그것에 대해 생각하는 뇌를 가지고 있다. 이게 주제를 먼저 정하면 유용한 이유다.

요즘 러닝을 하는 사람이 많다. 나도 도전해보고 싶은데 아직은 용기가 나지 않아 일단 걷기 챌린지를 시작했다. 하루 30분씩 걷다 보면 저절로 다양한 장면을 지나친다. 이때 주제를 정해두면 나도 모르게 유심히 찾게 된다. 그냥 '걸으면서 느낀 점'은 범위가 너무 넓어서 생각 모으기가 힘들다. 대신 '걸으면서 새로 발견한 것' 같이 구체적인 주제를 잡아보자. 그날은 눈앞의 모든 것에 집중하게 된다. 아무것도 떠오르지 않아도 하나는 발견해야 그날의 글을 쓸 수 있으니까. 발밑도 살피고, 머리 위를 살피고, 평소에 가지 않은 새로운 길을 걸어보고, 그렇게 새로운 것 하나를 찾아내는 것이다. 그리고 무엇이 새로웠는지, 왜 새로웠는지, 그게 좋았는지 나빴는지 쓰다 보면 글 하나가 완성된다.

　내가 걷기 챌린지를 시작하면서 잡은 주제는 '변화'였다. 무엇보다 운동이 싫은 사람, 내가 6주를 정해 걷고 뛰다 보면 작은 변화라도 생기지 않을까 하는 기대를 담은 주제다. 이 주제가 가진 특수성이 있다면 아직 결과를 모른다는 점이다. 결과를 모르기 때문에 모든 과정을 더욱 세밀히 살펴야 한다. 자연스럽게 나에게 집중하게 될 터였다. '운동이 싫다'에서 시작될 변화. 그래서 처음 걷기 시작하던 날 나는 나에게 왜 운동이 싫은지 물었다. 다리가 아팠던 어린 나를 만났고 마흔이 지난 내 다리는 그때와 다르다는 사실을 깨달았다.

질문은 매일 바뀌었다. 일어나기 힘들다면서 굳이 새벽에 걷는 나에게는 왜 새벽인지를 물었고, 무의식 속에 운동을 지속하고 싶은 마음을 발견한 날에는 '운동이 좋다'로 변화하기 위해 할 수 있는 것을 물었다. 어떤 날은 묻지 않으면 걷는 동안 무엇을 얻을까 궁금해 머리를 비웠고, 그런 날에는 한가로이 헤엄치는 귀여운 오리 가족이 눈에 들어왔다.

'매일 30분'이라는 목표를 만들자 어떻게든 걷겠다고 마음먹고 백화점에서 신나게 걷는 나를 발견하기도 했다. 모든 과정을 변화라는 대주제 아래에서 관찰하고 기록했다. 이 글은 아직 결론을 쓰지 못했다. 내가 생각하는 만큼 변화를 이끌어내지 못했기 때문이다. 덕분에 이 주제는 아직 살아 있다. 계속해서 써나갈 주제로 말이다.

마지막으로 내가 오래 겪어온 경험을 절대 무시하지 말자. 오래 지속해온 일상에는 스토리가 많이 담겨 있다. 내가 잘 아는 것들도 떠올려보자. 잘 안다는 건 그만큼 그 일에 시간을 많이 투자했다는 걸 의미한다. 많이 투자한 만큼 익숙하게 느껴지기에 지나치기 쉽다. 하지만 이런 소재들이야말로 묻어두지 말고 꺼내야 할 일상이다. 많이 쌓은 만큼 쓸거리도 많은 게 당연하기 때문이다. 그러니 글 주제를 잡아야 할 때 무엇을 써야 할지 모르겠다면 이미 익숙해서 이야깃거리도 많이 담긴 주제를 꺼내보자. 꾸미려 하지 말고 일단 쓰다 보면 고유한 글이 된다.

오감으로 채우는 글쓰기

"글쓰기만큼 삶도 부지런해야 채울 수 있다."

 글은 삶이다. 그리고 글의 퀄리티는 글솜씨가 아니라 글에 담긴 내용이 결정한다. 오랜 독서가로서 책을 읽으며, 글쓰기 코치로서 내 글만큼 다른 사람의 글도 보며 내린 결론이다. 출간을 목표로 쓸 때도 마찬가지다. 확실한 콘텐츠를 가진 사람이 좋은 글솜씨를 가진 사람보다 성공할 확률이 높다. 물론 둘 다 가진 글이 가장 좋다. 하지만 하나를 골라야 한다면 무조건 내용이 먼저다.

돌아보면 나는 쓰는 사람이 된 후 더 부지런해졌다. 처음부터 글 소재를 얻기 위해 움직인 것은 아니다. 첫 책 계약 후 갑자기 하고 싶은 일이 많아졌다. 그동안 마음에 담아두기만 했던 일들이 하나씩 떠올랐고 원고를 완성해냈다는 뿌듯함과 출간 계약 덕분에 얻은 자신감이 도전할 동력이 됐다. 하나씩 시도할 때마다 다양한 에피소드도 생겨났다. 자연스럽게 글의 소재가 늘었다. 경험이 다양해지니 글도 풍성해졌다. 시도하는 나, 좌절하는 나, 기뻐하는 나, 무언가를 이루어낸 나. 과정을 하나하나 적어낼 때마다 읽는 이들에게 응원도 축하도 받았다. 그들의 반응을 보며 글의 방향을 잡았다.

첫 책으로 전문 육아서를 썼다. 이 책을 채우기 위해 엄청난 양의 텍스트를 읽었다. 하지만 단지 지식과 정보만으로 책을 완성한 건 아니다. 직장 대신 가정에서 엄마로만 살기로 결정하고 아이 둘을 오롯이 키우면서 경험한 모든 시간이 책을 쓰는 재료가 되었다. 내가 세웠던 철학과 실제로 키우면서 느꼈던 기쁨과 슬픔이 전체 구성을 짜고 내용을 고르는 바탕이었다. 각 장에

들어간 나와 아이들이 실제로 겪은 예는 말할 것도 없고 말이다.

매일 아이들을 기관에 보내고 책을 썼다. 가장 중요하게 생각한 것은 일(책 쓰기)과 육아 시간의 분리였다. 아이들이 집에 없는 동안에는 일만 하고 아이들이 돌아온 후에는 육아만 한다. 집안일은 일이 아니라 육아에 묶었다. 육아는 익숙한 일이고 책 쓰기는 낯선 일이다. 그만큼 더 집중해야 한다고 생각했다. 일단 원고를 완성해야 다음 도전을 할 수 있으니까.

아직 어린 아들 둘 키우면서 어떻게 책까지 썼냐고 묻는 이가 많다. 그럴 때마다 어린이집과 유치원 선생님에게 감사할 따름이라고 답한다. 좋은 기관과 선생님을 만나 아이를 맡길 수 있어서, 아이를 맡겨놓은 시간은 일에만 집중하라고 말하는 내가 있어서 해낼 수 있었다. 모든 여가와 쉼을 포기하고 써야만 하는 시간이 쉽지는 않았다. 하지만 내가 세상에 내놓을 만한 생산적인 일을 하고 있다는 생각 덕분에 버틸 수 있었다.

어느 때보다 살아 있는 날들이었다.

　두 번째 책은 육아 에세이다. 이 책은 말할 것도 없이 첫 아이 출산부터 집필 시점까지의 모든 경험이 들어갔다. 하루하루 아이와 보내다 보면 원하지 않아도 쌓이는 수많은 사건. 아이의 귀여운 한 마디. 이해할 수 없는 행동. 그런 모습을 보면서 얻은 깨달음. 새롭게 시도하고 얻은 현실 교훈들까지. 채워진 시간이 다채로웠기에 한 권으로 엮을 수 있었다.

　두 번째 책은 전작과 완전히 달랐다. 정보 글은 나를 담는다기보다 정보를 담는다. 하지만 에세이는 다르다. 나의 경험과 생각이 구조가 되고 글이 된다. 에세이에도 자료 조사나 공부가 필요할 수 있지만, 그런 것들은 그저 글쓰기를 도울 뿐이다. 하나의 주제를 아우르는 경험이 얼마나 풍부한지가 관건이다. 다행히 육아로 보낸 10년은 결코 짧은 시간이 아니었고, 습관처럼 해오던 메모 덕분에 쌓인 글감도 다양했다. 원고를 쓰는 동안에도 육아는 진행 중이었고, 저절로 늘어나는 에피소드로 한 챕터를 완성하기도 했다. 물론 이 책에 육아 일상만 담은 건 아니다. 정확히는 '육아하면서 나도 키우는 나'를 담았다. 아이를 키우면서도 다양한 도전과 시작을 해왔기에 쓸 수 있는 이야기로 책의 반을 채웠다. 책을 쓰고, 기부 프로젝트를 시작하고, 프리랜스 마케터 일도 하고, 스타트업에 합류하고. 이러한 시간이 아니었다면 쓸 수 없었을 책이다. 쓰면서 내내 나에게 고마웠다. 책을 완성한 사람은 글 쓰고 있는 내가 아니라 지난 몇 년간 부지런히 용기를 내고 시작한 나였다.

지금 쓰고 있는 이 책은 쓰는 사람으로 살았던 날들이 채워주고 있다. 계속 쓰다 보면 언젠가는 글 쓰는 이야기로 책을 엮을 수 있을 거라는 희망을 품고 살았다. 사실 아직 완성되지 않았기에 부끄러운 마음도 있지만, 어설픈 처음 순간부터의 이야기를 적어낼 좋은 기회라고 생각해서 시작했다. 10년, 20년 지나 (바라건대) 베테랑이 되면 잊을 수도 있지 않은가. 이렇게 푸릇푸릇하게 별것 아닌 고민도 진지하게 했던 시절을 말이다.

물론 삶은 책에만 담는 게 아니다. 솔직히 훨씬 더 많은 글을 SNS에 써왔다. 쓰는 사람을 작가라 불러주는 브런치 스토리나 부담 없이 메모하듯 쓸 수 있는 인스타그램을 특히 좋아한다. 일기도 자주 쓰는 편인데, 그것도 일상이 무언가로 채워져 있어야 쓰기 쉽다.

　평소의 나를 관찰해보자. 애쓰지 않아도 이미 채워져 있는 일상 속 소재를 발견할 수 있다. 바로 나의 관심사다. 유독 문구류를 찾아볼 때 내가 더 반짝반짝하다면, 그래서 몇 문장이라도 더 쓰기 쉽다면, 그때부터는 문구류에 좀 더 집착해보자. 문구류 브랜드나 상점 방문기를 쓴다거나, 흔해서 특별해 보이지 않는 연필 혹은 쉽게 접하지 못해 덕후가 아니라면 잘 모르는 연필을 자신만의 관점으로 소개하는 글을 써봐도 좋다. 식물에 관심이 많은 데다 잘 키우기까지 한다면 그건 분명한 재능이다. 나처럼 선인장마저 죽이는 사람에게는 신기하기까지 한 재능. 좋아하는 식물을 소개하거나 건강하게 키우는 법에 대해 써보자.

집안일도 재능이라고 생각한다. 내가 잘하는 일은 나에게 너무 익숙할 가능성이 크다. 익숙한 탓에 특별하다고 여기기 힘들다. 이제 생각을 한번 뒤집어보자. 내가 너무 당연하게 능숙히 해내고 있는 일이 있다면 그건 특별한 일이다. 무엇보다 잘 아는 바로 그 소재를 구석구석 뒤집어가며 써보면 어떨까? 집안일 꿀팁은 많은 주부가 지금도 검색하는 주제다.

만약 지금의 일상에서 쓰고 싶은 주제를 찾지 못했다면 새로 채워보자. 채우라고 해서 어렵게 생각할 필요는 없다. 가만히 누워 있거나 앉아 있지 않고 뭐라도 하면 그 일이 삶을 채운다. 매일 30분 걸으면 걷는 길에서 무언가 볼 수 있고 이어서 생각할 수 있다. 걷다가 1분이라도 달리면 1분 동안 느낀 점이 소재가 된다. 거창할 필요는 없지만 지금까지 하지 않았던 새로운 일이라면 더 좋다. 우리는 익숙한 일상보다는 새로운 경험에서 더 많이 발견한다. 그저 지나치는 일상이 익숙하더라도 완전히 새로운 경험에서는 쉽게 지나치지 못할 모서리를 찾기도 쉽다.

쓰고 싶다면 조금 더 부지런해져보자. 도전까지는 아니더라도 시작하는 사람이 되어보자. 누웠다가도 일어나서 툭툭 털고 집 앞에 나가서 걸어보고, 가보지 않았던 카페나 식당에 가보아도 좋다. 그러다가 어느 날, 더 큰 도전을 해보고 싶다면 해보면 된다. 그러다 보면 전하고 싶은 이야기들이 생긴다. 그리고 그 이야기는 나만이 가진 좋은 소재가 된다.

물론 '쓰기'와 '삶'이 주객전도되어서는 안 된다. 쓰기 위해 사는 건 아니니까. 살다 보니 쓰게 되는 쪽이 맞다. 하지만 써야지 하고 마음먹었더니 인생이 얼마나 무료한지 알게 된다면 그건 좋은 일 아닌가. 나는 쓰려다 보니 무료를 깨닫고 행동을 결심하는 삶이 좋다. 덕분에 전보다 부지런한 사람이 되었다. 굳이 부지런해지고 싶지 않을 때도 왜 가만히 머무는지 물을 줄 아는 사람이 되었다. 그렇게 물을 때는 가만히 있는 시간도 텅 비지 않는다. 움직임 대신 멈춤이 그 자리를 채운다.

같은 주제로 다르게 써보기

"질문을 바꾸면 새로운 답이 보인다."

글 쓰는 사람이 되고부터 자꾸 사람들에게 쓰기를 권한다. 첫 글쓰기 프로젝트 '나·찾·기'는 그렇게 시작되었다. 글쓰기 강의라고도, 글쓰기 코칭이라고도 부를 수 없어 '프로젝트'라고 불렀던 일. 소심하기 그지없는 내가 어떻게든 시작해야만 했던 일이다. 글쓰기의 진짜 힘을 알게 된 건 나에 대한 글을 쓰기 시작하면서부터였다. 출간한 책을 알리기 위해서 나를 설명하는 글을 연재했다. 세상은 나에 대해서 전혀 모르니까, 저자인 내 이야기부터 해야 하지 않을까 싶어서였다.

나를 알리기 위해 한 선택이지만 결국 내가 가장 큰 수혜자가 된 건 연재 글의 주제가 '나'였기 때문이다. 글과 말은 매우 다르다. 말은 눈에 보이지 않지만 글은 눈에 보인다. 생각이 활자가 되어 종이(혹은 화면) 위에 내려앉는 순간, 괜스레 불안해진다. 보이기 때문에 더 명확해야 할 것 같아 '이게 정말 나인가'를 생각하고 또 생각하게 된다. 쓰다 보면 어딘가 앞뒤가 안 맞는 부분이 보인다. 읽는 사람도 분명 같은 이상함을 느낄 터, 그대로 마무리하지 못하고 파고 또 판다. 그러는 사이, 나를 더 잘 알게 되었다. 그런 덕분에 선명하게 알게 된 것들을 떠올려본다.

계속해서 쓴 덕분에 내가 왜 회사를 그만둔 건지 알게 되었다. 나의 글을 계속해서 읽었던 사람이라면 미묘하게 조금씩 달라진 퇴사의 이유를 눈치챘을지도 모른다. 사실 퇴사에 대해 첫 글을 썼을 때는 예상하지 못한 일이다. 매번 나름의 확신을 두고 썼는데 왜 다음 글을 쓸 때는 새로운 이유를 만나게 되는 걸까?

퇴사의 이유는 최근까지도 풀지 못한 숙제였다. 퇴사하고 한동안은 외면하고 싶어 돌아보지 않았고, 다시 돌아볼 즈음이 되어서는 '행복한 엄마'가 되어 있었다. 지금 행복한 내가 퇴사를 들여다보니 많은 것이 미화되고 잊혀 해석에 구멍이 생겼다. 생각만 할 때는 그런 감각조차 없었는데 쓰다 보니 뭔가 이상하다는 걸 알게 됐다. 아직 완벽한 결론에 도달했다는 확신은 없지만 최근까지 거쳐온 내면 관찰 3단계를 정리해본다.

1단계는 '표면적 이유 드러내기'다. 나는 다른 사람 눈치를 꽤나 보는 편이다. 게다가 무엇이든 합리적이어야만 의미 있다고 여긴다. 그러니 처음 글을 쓸 때는 일목요연하고 단정한 이야기가 나올 수밖에 없다. 선택이 옳은 것인가는 이후의 행보에 달려 있다고 믿다 보니 이유가 머릿속에서 자동 편집되는 것도 당연하다. 가장 옳다고 여기는 방식으로 편집된 이유만이 생각의 표면에 남는다. 그쯤 되면 스스로 그게 전부라고 믿게 된다.

2단계는 '자꾸 늘어나는 이유'다. 글을 쓰다 보면 겸 연쩍은 부분이 생긴다. 글을 매끈하게 만들고 싶은데 자꾸 여기저기 울퉁불퉁 빈틈이 보이기 때문이다. 그 틈에 뭐가 있었는지 묻다 보면 그 순간 했던 또 다른 생각이 떠오른다. '아, 이날 왜 과장님한테 이런 얘기를 했더라?' 싶어 되짚다 보면 또 다른 이유가 튀어나오는 식이다. 하나로 완성한 글의 빈틈을 하나씩 파다 보면 땅속에서 다이아몬드 발견하듯 핵심이 걸려 나오기도 한다.

3단계는 무수히 늘어난 이유들 속에서 '핵심 찾기'다. 얼마 전 글쓰기 강의를 하면서 '왜 책 한 권에는 글 한 편과는 다른 깊이가 있는지'에 대해 얘기한 적이 있다. 정답은 분량이다. 하나의 주제에 대해서 얼마나 많이 고민했느냐에 따라 깊이가 달라진다. 하나의 주제에 대해 하나의 꼭지를 쓸 때와 책 한 권 분량의 40개 꼭지를 쓸 때는 깊이가 달라질 수밖에 없다. 내가 이유를 찾아간 방식도 그랬다. 글 하나를 쓰고 말았다면 더 깊이 고민하지 못했을 것이다. 의문이 들 때마다, 그러다가 다이아몬드의 귀퉁이가 보이는 듯싶을 때마다, 다시 퇴사에 대해 썼다. 그러다 보니 어느 날 보였다. 표면적인 이유와 그사이 늘어난 수많은 이유를 관통하는 진짜 이유가 뭔지.

이렇게 3단계를 거치면서 내가 끊임없이 한 일은 질문하기다. 새로운 질문이 생기면 새롭게 물었다. 질문이 달라지면 다른 답이 나왔다. 그리고 답은 새로운 질문이 되었다. 어디가 끝인지도 모르는 질문을 이어가다 보면 내 맘속 길이 얼마나 복잡한지 알게 된다.

이 과정을 통해 육아 외에도 많은 문제가 일을 그만둔 이유에 얽혀 있었다는 사실을 알았다. 당시의 나는 육아만 하고 싶은 사람은 아니었지만 몸담았던 조직을 떠나고 싶은 이유가 여럿 있었다. 일을 떠나고 싶지 않지만 조직은 떠나고 싶었던 거다. 엄마로만 사는 게 행복하다면서 다시 새로운 일을 궁리하고 시작한 것도 그래서였을 거다. 단지 육아가 퇴사의 이유도, 내 삶의 목표도 아니었기 때문에 어느 정도 시간이 지나니 새로운 일을 하고 싶어졌다. 이번에는 내가 좋아하는 일, 내 가치관대로 해나갈 수 있는 일을 찾아 나섰다.

쓰다 보면 지금껏 이렇게 나를 몰랐구나 싶어 놀란다. 그리고 지금이라도 알게 되어 다행이라는 생각이 든다. 이제 나는 마음이 어지러울 때 해야 할 일을 안다. 일단 쓴다. 나를 잘 아는 사람은 강하다. 그러니 글쓰기는 나를 강력하게 만드는 도구다.

3.
처음의 다짐을 놓지 않는 법
"누구나 어떻게 쓸지 방향을 잃을 때가 있다."

"무언가에 도전한다면 다양한 결과를 얻을 수 있다. 합격, 불합격. 이렇게 납작하게 결과를 판단한다면 실패할 가능성이 너무 커진다. 하지만 이제는 안다. 그게 전부가 아니라는 걸 말이다. 무엇을 하든, 결과까지 가기 전에 얻을 수 있는 것도 무궁무진하다. 결과 없이 과정만 남더라도 충분히 해볼 만하다. 그러니 더 영리하게 과정을 지나가보자."

글쓰기 시간 관리법

"습관을 지배하는 사람이 글을 마감할 수 있다."

3주 만에 초고를 완성한 비법을 묻는 사람이 많아서 하게 된 강의에서 글쓰기 방식을 소개했다. 그리고 마지막에 덧붙였다. 이런 모든 방법을 알더라도 결국 기한 안에 완성하기 위해서 꼭 필요한 게 하나 더 있다고. 그건 바로 시간이다. 글쓰기만의 이야기는 아니다. 무엇을 하든 속임수로 어찌할 수 없는 게 바로 투자하는 시간이다.

새로운 일을 시작하려면 덩어리 시간 사수가 필수

다. 글쓰기에서도 마찬가지다. 적어도 초고 한 편 정도는 한 번에 써 내려갈 수 있는 시간이 내가 생각하는 글쓰기를 위한 최소한의 덩어리 시간이다. 이 시간을 만드는 데 필요한 덕목은 바로 포기다. 글을 쓰지 않았다면 다른 일을 할 수 있었을 시간이기 때문이다. 무엇을 포기하고 쓰기를 밀어 넣을 것인가 고민해야 한다. 그래야 쓸 수 있는 시간이 언제인지 알 수 있다.

나는 책 쓰기 같은 큰 프로젝트가 생기면 일단 평일 오전 시간을 모두 비운다. 배울 시간, 만날 시간, 쉴 시간을 포기하는 셈이다. 프로젝트 일정을 짜서 평일 오전에 채우고 혹시 남는 시간이 생기면 그때 다른 일을 한다. 길게는 두세 달씩 사람을 못 만나니 답답할 때도 있다. 하지만 포기하지 않으면 해야 할 일을 완수하기 어렵다. 끝난 후를 기대하면서 버틴다.

온라인 플랫폼 글쓰기 같은 장기 프로젝트는 오래 유지할 수 있는 시간을 고민해서 정한다. 장기간에 걸친 글쓰기는 나와의 약속인 경우가 많아서 어기기도 쉽다. 일상의 다른 일과 부딪히지 않는 시간을 찾아야 지킬 수 있다. 내가 주로 시도해본 시간은 다음과 같다.

  일단 모든 것이 끝난 시간, 밤 9시 이후를 활용해봤다. 하루를 마무리하는 시간이기 때문에 방해받을 일이 거의 없다는 점에서 좋았다. 하지만 피로가 쌓이면 집중력이 떨어진다는 단점이 있다.

  다음으로 시도한 시간이 새벽이다. 마침 미라클 모닝이 유행하던 시점이어서 그 대열에 합류하기로 했다. 처음에는 6시에 일어나면서 적응하다가 5시로 기상 시간을 당기는 데 성공했다. 문제는 새벽 기상 자체가 피로의 원천이 되었다는 점. 불면증이 있어 아무리 일찍 누워도 일찍 잠들기 어려운 나의 경우에는 5시에 기상하면서 적절한 수면 시간 채우기가 극난이도 미션이었다. 몸살과 회복을 반복하다가 결국 새벽 시간을 포기했다. 지금은 다시 평일 오전으로 돌아왔다. 주 5일 대신 주 2~3회로 글 쓰는 날을 정해서 부담을 최소화했다. 이렇게 하니 나머지 날에 다른 일을 볼 수 있어 시간

지키기가 훨씬 수월해졌다.

그럼에도 여전히 새벽 시간 활용에 대한 미련은 남는다. 가장 집중이 잘되는 시간이기도 하고, 낮의 다른 일정을 소화하는 데 지장이 없다는 점에서도 매력적이다. 잠은 포기할 수 있는데 건강은 포기할 수 없으니 수면 패턴이 안정화되면 다시 한번 시도해볼 생각이다. 아마 누구에게나 자신만의 적정 시간이 있을 거다. 모두를 위한 정답이 아닌 자신만을 위한 정답을 찾아보자. 다양한 시간 후보를 정해 시도하면서 최상의 조건을 찾으면 좋겠다.

시간 관리를 위해 중요한 게 하나 더 있다. 마감 관리다. 글쓰기는 회사 일처럼 조직적으로 하는 경우보다 알아서 해야 하는 경우가 더 많다. 작은 프로젝트의 경우에는 큰 고민 없이 운영할 수 있다. 그런데 프로젝트 덩어리가 커지면 문제가 생긴다. 큰 프로젝트의 맹점은 일은 많은데 마감이 동일하다는 점이다. 그래서 시간 관리가 더 중요하다. 이럴 때는 일을 쪼개서 각각의 마감을 정한다. 일1의 마감은 첫 번째 주 금요일, 일2의 마감은 두 번째 주 금요일, 일3의 마감은 세 번째 주 금요일, 일4의 마감은 네 번째 주 금요일과 같은 식이다. 이렇게 하면 마지막에 몰려서 고생하는 일을 피할 수 있다.

이런 계획은 두 가지 프로젝트가 한 번에 몰렸을 때도 유용하다. 여러 가지 일을 동시에 수행해야 하니 촘촘한 계획이 필요하다. 프로젝트1은 평일 오전 10시부터 2시까지, 프로젝트2는 평일 저녁 7시부터 9시까지. 혹은 프로젝트1은 1주 차에, 프로젝트2는 2주 차에, 이런 식으로 구역을 나눠놓으면 해당 시간에는 나머지 일은 잊고 하나의 일에 집중할 수 있다. 앞서 말한 글 쓰는 시간 정하기에서 새벽이나 밤으로 구간을 정하려는 시도도 같은 맥락이다.

빨리 글 쓰는 법을 묻는 사람들에게 결국은 시간을 얼마나 투자하는지에 달려 있다고 말할 때 사실 좀 미안하다. 하지만 완성된 글의 양은 투자한 시간의 양에

비례하는 게 당연한 일. 비결을 알고 적용한다면 속도가 조금 더 빨라질 뿐이다. 한 가지 다행인 점이 있다면 글은 쓰면 쓸수록 익숙해진다는 것이다. 시간을 투자해서 쓰다 보면 쓰는 속도가 빨라진다. 결국 시간도 줄일 수 있다.

글쓰기의 속도를 높이는 분업

"찾고 모으고 나누고 쓰기."

 혼자 하는 글쓰기에 분업이 웬 말인가? 이렇게 생각할 수 있다. 여기에서 말하는 분업은 다른 사람과 일을 나누는 작업이 아니다. 나 혼자 내 일을 나누는 전략이다. 우리는 주로 주제를 정할 때는 주제만 생각한다. 단순하다. 그런데 주제를 정하고 글쓰기를 하려고 하면 머릿속이 복잡해진다. 글쓰기가 주제 잡기처럼 하나로 딱 떨어지는 작은 단위가 아니기 때문이다. 어떤 내용을 써야 할지 찾아야 하고, 그걸 어떻게 표현할지도 고민해야 한다. 동시에 글의 형태로 만들어야 한다. 글기는 이 모든 과정을 통틀어 부르는 이름이기도 하지만 작은 부분이기도 하다. 편의상 작은 부분인 글쓰기는 '글로 쓰기'로 부르기로 하자.

글쓰기 = 결심 → 주제 잡기 → 구조 잡기 → 구체적인 내용 생각하기 → 글로 쓰기

위의 글쓰기 과정을 들여다보면 대체로 주제는 독립된 개체로 생각하면서, 이후의 글쓰기 과정을 하나로 뭉뚱그려 생각해왔다는 걸 깨닫게 된다. 그런데 생각하는 것과 쓰는 건 완전히 다른 기제다. 이것을 하나로 여기면 '이제부터 글을 쓸까' 하면서부터 큰 함정에 빠지게 된다. '뭐부터 써야 하지?'라며 머리가 하얘지는 함정이다. 지금부터는 나에게 일을 나눠주기로 하자. 주제를 잡았다면 이번에는 '생각하기' 영역으로 넘어가는 거다.

우리는 매일매일 우리 뇌가 새로운 일을 시작할 때마다 예열하는 시간을 경험한다. 굳이 예열이 필요 없는

경우는 맛있는 음식을 먹을 때 정도랄까. 아침에 출근해 업무 시작 전에는 커피 한잔을 사거나 내리는 예열 과정이 필요하고, 집 안 청소 전에도 '청소해야지' 하는 생각과 실제 몸을 일으켜 청소기를 손에 잡는 시간까지 몇 분에서 길게는 몇십 분이 걸린다. 글쓰기도 마찬가지다. 나는 글을 쓰기 위해서 컴퓨터를 켜기까지 루틴이라는 핑계를 수행하는 예열 시간을 거친다. 그러니 한번 예열하고 시작했다면 최대한 많이 해내는 게 유리하다. 중간에 쉬거나 다른 일을 하면 다시 돌아올 때 또 한 번 예열기를 거쳐야 하기 때문이다.

글쓰기 과정도 마찬가지다. '생각하기'를 위한 예열을 했다면 최대한 생각 작업을 많이 하고, 다음 단계로 넘어가서 '글로 쓰기'를 위한 예열을 했다면 쭉 쓰자. 예열하고 생각하고 예열하고 조금 쓰다가 다시 예열하고 생각하고 또 예열하고 쓸 때보다 훨씬 효율적이다.

주제를 잡았다면 이제 주제에 따라 내가 쓰고 싶은 내용을 생각한다. 주요 소재를 정하고 구조를 잡아 여기에 살을 붙여가며 구체적인 내용을 정리하자. 머리로만 생각하면 금방 날아가버린다. 노트에 간단하게라도 적으면서 생각하자. 노트에 내가 해당 주제를 떠올린 이유, 주요 내용, 뒷받침할 사례 등을 적어둔다. 하나의 글은 문단 여러 개로 구성된다. 그러니 문단별 주요 내용을 나눠서 정리하면 더 좋다. 예를 들면, 첫 문단은 과거의 내 특정 상황, 두 번째 문단은 이번 글의 주제를 떠올리게 된 결정적인 에피소드, 세 번째 문단은 그 에피소드 후 달라진 생각, 네 번째 문단은 앞으로의 계획, 이런 식으로 나눠서 적어두는 것이다.

생각 정리를 끝냈다면 이제 '글로 쓰기' 과정에 들어간다. 행위로서의 본격적인 글쓰기는 이제 시작이다. 쓰기 시작할 때 기억해야 할 것이 있다. 지금 내가 쓰는 글은 초고라는 사실이다.

"초고는 쓰레기다."

너무나 유명한 이 말은 헤밍웨이가 했다고 알려져 있

다. 헤밍웨이도 초고는 쓰레기라고 말했다 하니 우리가 쓰는 글이 쓰레기보다 못한들 어쩌겠는가. 때때로 자괴감이 들더라도 일단은 끝까지 쓰자. 글로 쓰기 위해 예열한 시간이 아까우니까 이왕이면 쓸 수 있는 한 많이. 최대한 한 번에 초고를 끝내는 게 좋다. 한번 끊기면 다시 예열하고 돌아오는 데 시간이 걸린다. 다시는 돌아오지 못해 미완성으로 남을 가능성도 크다. 나도 쓰다 보니 알게 된 사실인데, 내 글이 마음에 드는 날은 절대 오지 않는다. 그러니 그냥 쓰기로 하자. 게다가 지금 이 글은 초안이다. 굳이 누군가에게 보여주고 싶은 게 아니라면 나만 볼 글이다. 부담 가질 필요 없다.

글을 쓰다 보면 쉽게 빠지는 함정이 있다. 무한 설명의 함정이다. 글을 마무리하려는데 무언가 부족하다는 생각이 들 때가 있다. 이때 방심하면 한 문장 더하고, 또 한 문장 더하다가 글의 꼬리가 한없이 늘어난다. 이렇게 의미 없이 길이만 늘어나면 지루해지기만 할 뿐이다. 앞에서 충분히 설명했다면 과감히 끝내자. 아무리 읽어봐도 불안하다면 끝을 늘어뜨릴 게 아니라 본문을 고쳐야 한다. 본문이 더 명확해져야 한다는 뜻이다.

초안을 끝냈다면 이제 퇴고할 시간. 글의 중요도에 따라서 퇴고 횟수는 달라진다. 나의 경우, 인터넷 플랫폼에 올릴 글은 굳이 묵히지 않고 한 번에 두세 번 퇴고하고 발행한다. 책이나 잡지에 실릴 글이라면 완성 후 한두 번 퇴고하고 며칠 묵혀두었다가 다시 한번 퇴고한다. 때로는 묵혀두고 퇴고하는 과정을 여러 번 반복하기도 한다.

퇴고 과정에는 크게 구성과 문장, 두 가지로 나눠서 살펴본다. 구성 측면에서는 도입이 깔끔한지, 문단 순서가 매끄러운지, 흥미로운 구성인지를 살핀다. 문장 측면에서는 쓸데없는 단어는 없는지, 길어서 이해가 어려운 문장은 없는지, 반대로 짧아서 뚝뚝 끊어지는 부분은 없는지, 반복되는 단어나 어구는 없는지 등을 살핀다.

이렇게 나에게 분업을 허락한다면 글 쓰는 시간을 단

축할 수 있다. 모든 과정이 완벽할 수는 없다. 그러니 어느 정도 준비되었다면 다음 단계로 넘어가는 융통성도 발휘하자. 그래야만 완성할 수 있다. 글이 완벽해지는 날은 오지 않겠지만 쓰는 만큼 느는 건 확실하다. 글을 쓰면서 조금 더 성장한 나를 귀하게 여겨주자.

목차라는 내비게이션

"처음의 방향을 잃지 않고
끝까지 쓰는 훈련을 하라."

글쓰기 프로젝트를 기획할 때 글 한 편 쓰기보다는 연재 글쓰기 프로그램을 선호한다. 글 하나도 소중하지만 호흡을 길게 두고 여러 편의 글을 쓰면서 얻는 유익이 있기 때문이다. 가장 큰 유익은 하나의 주제에 대한 깊이 있는 탐구다. 또 하나는 계속해서 쓰게 만든다는 점이다. 1개를 계획했다면 1개를 쓰게 되지만, 10개를 계획했다면 10개를 쓰게 된다.

연재 글쓰기를 기본으로 하는 프로젝트에서 가장 중

요하게 생각하는 부분이 목차 정하기 단계다. 프로그램이 끝날 때마다 목차 덕분에 끝까지 쓸 수 있었다는 피드백이 쌓인다. 당연한 일이다. 목차는 뼈대면서 길잡이가 되어주니까.

   글쓰기에 있어서도 목차가 중요하다는 건 책 쓰기를 하며 배웠다. 40개의 챕터를 쓰면서 목차부터 짜지 않았다면 끝까지 해내기 힘들지 않았을까? 최근 론칭한 글쓰기 프로그램 '쓰는 날 프로젝트'에서는 10개의 글을 함께 쓴다. 하나의 주제로 10주에 걸쳐 10개의 글을 쓰면서 길을 잃지 않으려면 목차가 필수다.

   목차가 가진 또 하나의 능력은 지쳐도 쓰게 해준다는 점이다. 꾸준히 쓰기의 큰 장해물 중 하나가 글감 찾기다. 뭘 쓸지 고민하다가 그냥 닫아버리는 경우가 많다. 그런데 초반에 아직 에너지와 의욕이 충분할 때 목차를 정해두면 뒷심이 떨어질 때 도움이 된다. 오늘 뭘 써야 할지에 에너지를 쓸 필요가 없기 때문이다. 게다가 이미 목차 잡을 때 고심했으니 그 노력이 아까워서라도 쓰게 된다.

그러면 이렇게 중요한 목차는 어떻게 잡아야 할까? 주제가 무엇이냐에 따라서 달라진다. 가장 쉬운 건 나열식 목차다. 예를 들면 '좋아하는 7가지 음식', '좋아하는 여행지 5곳' 등이다. 스토리를 길게 풀어내는 경우에는 목차 잡기가 조금 더 어렵다. 일어난 일을 시간 순서대로 쓰면 쉬울 것 같지만 막상 해보면 그렇지 않다. 전체 그림을 포인트 없이 떠올리면 큰 그림은 기억나는데 디테일이 떠오르지 않는 경우가 많다. 줄줄이 이어지는 이야기 어디에서 끊고 어디를 강조할지 결정하기도 쉽지 않다. 글쓰기에 익숙해진 후라면 자유자재로 원하는 부분에서 끊고 강조할 수 있겠지만 익숙해지기 전이라면 가이드가 필요하지 않을까? 고민 끝에 글쓰기 프로그램에서 제공할 목차 잡기 가이드를 만들었다.

'나만의 스토리를 기승전결 형식의 완성된 시리즈로 완성한다.'

이게 가이드 개발의 첫 생각이었다. 기승전결을 떠올리니 국어 시간에 많이 배웠던 '발단-전개-위기-절정-결말'이 먼저 떠올랐다. 하지만 실제 스토리에 적용하려니 삐걱대는 부분이 많았다. 그럼 어디로 가야 할까? 목차 잡기 가이드 개발은 프로젝트 기획 과정에서 가장 긴 시간을 잡아먹은 매듭이 됐다.

고민만 계속하던 어느 날 《무기가 되는 스토리》라는 책에서 봤던 스토리 7단계가 떠올랐다. 고객을 사로잡기 위한 스토리 법칙이지만 어느 스토리에나 적용할 수 있을 듯 보였다. 개인의 스토리에도 적용할 수 있지 않을까 싶어 내 책 쓰기 스토리를 예로 들어 넣어봤는데 찰떡같이 맞아떨어졌다. '유레카' 7단계 법칙을 열어두고 내 스토리 쓰기에 어울리는 방식으로 변형시키기 시작했다. 브랜딩을 위한 스토리 법칙과 나에 대한 글쓰기를 위한 스토리 전개가 같을 수는 없지만 얼개를 두고 새로 짜는 일은 훨씬 쉬웠다.

나만의 스토리 만들기 목차 가이드는 다음과 같다.

1단계는 캐릭터. 나에 대해 쓸 때라면 나를 탐구하는 단계. 나의 캐릭터를 확실히 하되 무엇을 원하는지에 집중하기로 했다. 주제와 관련해서 '왜 그것을 원했는지' 알아보고 설명하는 단계다. 이유를 찾는 단계라고 할 수도 있겠다.

2단계는 난관. 세상에는 하고 싶은 일이 많다. 하지만 실제 행하는 것은 일부에 불과하다. 왜일까? 다양한 난관이 존재하기 때문이다. 그건 실질적이고 눈에 보이는 난관일 수도 있지만 마음 속 두려움일 수도 있다.

3단계는 계기와의 만남. 실행하지 못하는 나를 일으켜준 계기에 대한 고찰이다. 책에서 만난 한 줄일 수도 있고 친구의 한마디일 수도 있다.

4단계는 계획. 계기와 만났으니 하고자 하는 마음이 생겼을 터. 처음 마음먹었을 때 세웠던 계획에 대한 이야기다.

5단계는 계획을 행동으로 옮기게 된 순간. 시작의 순간에 대해서 쓴다. 우리에게는 계획을 세웠지만 행동으로 옮기지 못한 순간이 많다. 포기 대신 실행하게 했던 계기가 있다면 여기에 적어봐도 좋다.

6단계는 과정 중의 어려움과 기쁨이다. 시작했다고 해서 끝이 아니다. 결과까지 가는 동안 만나는 수많은 어려움과 기쁨이 있을 터. 그걸 회상해보는 단계다.

마지막 7단계는 결과. 성공과 실패 중 어느 쪽이든 상관없다. 그저 결과에 대해서 적어보는 것만으로도 의미 있는 사색이 된다.

이렇게 7단계 가이드를 완성했다. 다만 가이드의 7단계를 참고하되 무조건 따를 필요는 없다. 누군가에게는 특별한 계기가 없을 수도 있고, 과정 중의 어려움이 너무 많아 어려움에 대한 이야기만 나열한 목차가 세 가지 정도 필요할 수도 있다. 쓰고 싶은 스토리를 풍성하게 하는 데 툭 건드리는 힌트가 되어주었으면 하는 마음으로 만든 가이드다.

　목차 잡기에 정답은 없다. 정답 없는 문제는 언제나 더 어렵고 말이다. 이런저런 힌트를 무기 삼아 내 마음대로 채운 목차를 만들어내면 된다. 그렇게 목차를 만들어 다시 출발선에 선다. 전체 얼개를 짰으니 나에 대해 깊이 있는 고민을 한 번 끝낸 셈이다. 이제 글로 풀어내는 일만 남았다.

순간의 기록

"항상 엔진을 켜두는 기분으로."

 이번 글을 쓰기에 앞서 미리 고백하자면 사실 나는 내 집, 내 방, 내 책상, 내 컴퓨터에서라야 글이 잘 써지는 사람이다. 최대한 같은 공간에서 쓰려고 노력한다. 하지만 늘 그럴 수는 없다. 제일 잘 써지는 공간만큼 잘 써지는 순간도 중요하기 때문이다. 이번에는 글쓰기가 수월해지는 바로 그 순간을 놓치지 않는 법에 대해 써 보려고 한다.

 지난 책 작업을 하던 중이었다. 책에 들어갈 프롤로

그를 써야 하는데 며칠을 붙잡고도 쓰지 못하던 어느 날, 가족들과 여행을 떠났다. 남편은 운전하고 나는 조수석에, 아이들은 뒷좌석에 앉아 고속도로를 달리고 있었다. 그때 불현듯 둘째의 한마디가 떠올랐다. 동시에 그 말이야말로 프롤로그에 딱 어울린다는 생각이 들었다. 지금 이 순간을 놓치면 머릿속에 떠오른 글이 사라질 걸 본능적으로 알았다. 남편과 아이들에게 말했다.

"지금 글 좀 써야 할 것 같아. 쓰는 동안 나한테 말 걸지 말아줘."

곧장 스마트폰에서 에버노트 앱을 열었다. 그리고 생각나는 대로 써 내려가기 시작했다. 15분 남짓, 글 하나가 완성됐다. 그야말로 쏟아내듯 적은 글이었다.

'일단 순간의 생각을 놓치지 않고 잡아두었으니 집에 가서 제대로 퇴고해서 완성해야지.'

앱을 닫고 얼른 출판사에도 메시지를 보내두었다. 프롤로그를 새로 작성해서 보내겠다고. 그런 다음 여행의 기분으로 돌아왔다.

여행을 마치고 돌아와서 컴퓨터를 켰다. 에버노트 앱을 열어 써둔 글을 복사해 한글 파일에 붙여 넣고 찬찬히 읽기 시작했다. 그리고 놀랐다. 15분 만에 두서없이 썼다고 생각한 글에 고칠 부분이 많지 않았기 때문이다. 그날 차 안에서 떠오른 건 단순한 아이디어가 아니라 영감이었던 게 틀림없다. 어떻게 고친들 이보다 나은 글이 될 것 같지 않았다. 단순한 문장 퇴고 정도만 마치고 출판사에 전송했다. 책이 출간된 후 어느 후기에서 프롤로그에 대한 독자의 언급을 발견했다.

"책 도착 인증샷만 찍으려 했는데 프롤로그를 읽다 책의 반을 훌쩍 넘겨버렸다."

그날의 영감을 날려버리지 않고 글로 남겨서 얼마나 다행인가.

나는 정해진 글쓰기 루틴을 중요하게 생각하는 사람이다. 하지만 이번에는 루틴에 너무 얽매이지는 않아도 된다고 말하고 싶다. 어떤 날은 루틴도 공간도 상관없이 그저 지금, 이 순간 쓰고 싶은 이야기가 떠오를 수 있기 때문이다. 그럴 땐 글쓰기를 위한 환경이 갖추어지지 않았다는 핑계를 대지 말고 일단 떠오른 이야기를 잡자. 영감의 순간, 아이디어와 함께 잡히는 내 감정은 시간이 지나면 사라진다. 감정이 사라지고 쓰는 글은 섬세함이 떨어질 수밖에 없다.

따라서 언제 어디서든 쓸 수 있도록 항상 쓸 수 있는 도구를 준비하자. 메모를 강조한 챕터에서 언급한 도구들을 다시 한번 떠올려보자. 메모 앱이든, 대화 앱이든, 노트와 펜이든, 음성 녹음 도구든 영감의 순간을 놓치지 않기 위해서는 평소에 도구들과 친해지는 게 좋다. 메모를 더 열심히 해야 할 이유다.

베스트셀러 작가이자 비평가 겸 편집자인 도러시아 브랜디는《작가 수업》에서 시간을 정해서 매일 그 시간에 무조건 15분씩 글 쓰는 연습을 하라고 조언한다. 어디에 있든 어떤 상황이든 핑계 없이 쓰라는 것이다. 처음에는 어렵겠지만 포기하지 않고 지속하다 보면 익숙해질 거라고 말한다. 이 조언은 매우 유용하다. 어디에서든 쓸 수 있는 사람은 갑자기 아이디어가 떠오르더라도 당황하지 않을 수 있기 때문이다. 오늘부터는 다양한 상황에서 짧게라도 쓰는 연습을 해보자. 매번 완벽한 글을 쓸 필요는 없다. 단 몇 문장이라도 그저 썼다는 게 중요하다. 우리는 언제 어디에서나 쓸 수 있다.

결과보다 과정에서 의미 찾기

"내가 쓴 글이 나를 바꾸기도 한다."

결과를 모르고도 도전하는 내가 멋지다고, 일단 원고를 완성하면 1단계 성공은 하는 거라고 설득하는 데 성공했다. 문제는 사람의 마음이라는 게 그렇게 단순하지 않다는 거다. '이건 멋진 일이니까.' 한 문장으로 마음이 대나무처럼 꼿꼿하게 고정되지는 않았다. '멋져서 어디다 쓸 건데. 이 시간에 책이라도 한 줄 더 읽고, 미술관에 가서 그림이라도 한 점 더 보는 게 남는 거 아닐까? 하다못해 저녁 식사 메뉴라도 고민하면 맛있는 음식이라도 남지' 하는 생각이 슬금슬금 올라왔다.

그럴 때마다 마음을 다잡는 열쇠는 '과정'이었다. 결과가 주는 유익 대신 과정에서 얻을 것에 집중하기. 이 역시 직접 선택하고 제어할 수 있는 단계에 집중하여 스스로 효능감을 얻는 방법이다. 이런 생각을 하기 전과 후는 엄청나게 다르다. 과정을 대하는 마음이 달라지면 태도가 달라지기 때문이다. 같은 시간을 지나지만 시간의 밀도에 차이가 생긴다. 과정에서 무조건 무언가를 얻어야 한다는 절실한 마음이 더해지면 행동이 달라진다.

엄마가 직접 쓰는 육아서가 첫 책의 콘셉트였다. 이 육아서가 가치를 가지려면 검증된 육아법을 철저히 공부해서 담아낼 필요가 있었다. 내 아이 육아만을 위해서 읽을 때와는 깊이가 달라야 했다. 수많은 글을 읽고 출처를 찾고 분류하고 정리했다. 아이를 키우면서 경험했던 유용한 육아 방법, 앞으로도 기억하고 싶은 방식, 알면서도 지키기 어려워 한 번 더 강조하고 싶은 내용을 여러 번 읽고 썼다. 원고의 80퍼센트 정도가 완성된 즈음, 내가 이전의 나와 다른 엄마가 되어 있다는 사실을 깨달았다. 수많은 육아법을 제대로 터득한, 그래서 아이를 대할 때 전보다 여유 있는 엄마 말이다. 과정에서 이미 많은 것을 얻은 셈이다.

  평소 내 아이를 주체적인 사람으로 키우고 싶다는 생각으로 아이들을 키웠다. 아이의 주도성을 인정하고 내가 주도적으로 사는 모습 역시 보여주려 애썼다. 하지만 실상 나에게 디테일이 부족했다는 사실을 책을 쓰면서 알았다. 아이와 대화할 때 나는 열심히 들었다. 아이라고 무시하지 않고 한 명의 사람으로 인정해야 한다고 생각하면서 말이다. 그런데 육아 전문가들의 이야기를 깊이 있게 파다 보니 내 경청의 자세가 반쪽짜리였다는 것을 알게 됐다. 조잘조잘 이야기하던 아이가 내가 이해하기 어려운 주장을 하기 시작하면 나도 모르게 말을 끊고 있었다. 자각 없던 내가 반성하게 된 건 육아서를 쓰기 위해 정리하고 쓰면서 배움이 깊어진 덕이었다.

  훈육에 있어서도 비슷한 부분이 있었다. 나는 아이가

사람 많은 곳에서 징징거린다고 들어주는 엄마가 아니라는 자부심이 있었다. 아이의 투정을 들어주는 대신 가르쳤다. 내가 일관적인 태도를 유지할 때 결국 받아들이는 아이들을 보며 자만하기도 했다. 그런데 그런 내가 간과한 점이 있다는 사실을 책을 쓰며 깨달았다. 알면서도 지나쳐버린 사실. 아이의 자존심도 중요하다는 사실 말이다. 아이가 떼쓸 때 그 자리에서 바로 훈육해야 한다는 사실에만 집중한 나머지 아이의 자존심도 중요하다는 사실을 잊었다. 책을 쓰기 위해 반복적으로 다각도에서 읽고 분석하고 정리하다 보니 전에는 잊고 지나가던 부분도 더 깊이 마음에 박혔다. 이후에는 사람들이 많은 곳에서 아이가 떼쓴다면 사람이 없는 곳으로 데리고 가거나 여의치 않다면 내 목소리를 줄이고 대화한다.

 책 쓰는 과정에서 내가 얻은 건 엄마의 자세만이 아니었다. 세상에 보이는 결과물만이 전부가 아니라는 사실을 배웠다. 육아서를 쓰기 위해서는 공부가 필요했다. 내가 첫 책을 쓰기로 하고 완성하기까지의 시간

중 실제로 한글 파일을 열어 원고를 쓴 시간은 3주 남짓이다. 나머지 시간은 모두 자료를 찾고 읽고 정리하는 데 썼다. "얼마나 썼냐?"고 묻는다면 "전혀."라고 답할 수밖에 없는 시간이 여러 달 지났다. 과연 지금 쌓이는 자료 더미가 제대로 된 글이 되기나 할까 조급한 시간을 보낸 후에야 '초고'라는 결과물이 나타났다. 학창 시절, 시험공부에 충분한 시간을 들인 후에야 얻을 수 있는 좋은 성적이라는 결과처럼 책 쓰기도 그랬다. 겉으로 보여줄 결과 없는 터널을 지날 때 조급하던 마음을 내려놓는 계기가 됐다. 그만큼 내가 단단해졌다.

이 생각은, 육아 글쓰기가 아닌 잡지를 만들던 때에도 도움이 됐다. 한 친구가 창업한 회사에 창업 멤버로 합류해 콘텐츠 디렉터로 일하던 시절, 우리에게는 젊고 능력 있는 직원들이 있었다. 각자가 가진 경험이 다르니 서로에게 배울 점도 다양했다. 내가 그들보다 조금 더 가진 건 사회생활 경험이었고, 그래서인지 그들은 가끔 나에게 조언을 구했다. 업무와 보상에 관한 대화를 나눈 날이었다. 정답은 모르지만 나도 똑같은 고민을 해왔기에 이런 대답을 했었다.

"고민스럽죠. 사실 저도 마찬가지예요. 이럴 때 저는 나에게 뭘 남길까를 생각해요. 지금 보내는 시간과 들이는 노력이 어떤 모습으로 미래의 나에게 도움이 될지를 생각해보는 거죠. 지금 우리가 만들고 있는 잡지가 앞으로 내 프로필 밑에 따라붙을 성과라고 생각해요. 이왕 내 프로필 밑에 따라다닐 한 줄이라면 작업물이 괜찮은 애였으면 좋겠어요. 그래야 미래에 새로운 기회가 필요할 때 도움이 될 테니까요. 게다가 '잡지 만들기'는 처음 하는 일이라서 매시간 새로운 걸 배우게 되잖아요. 학원에서 배우는 게 아니라 업무로 배우는 거라서 날것의 실전 경험을 하게 되고요. 저는 성과로 남을 결과물과 과정에서 얻는 배움이 필요하거든요. 그래서 현재 충분히 보상받고 있다고 생각해요. A님도 그런 고민을 해보면 좋겠어요. 지금 얻고 싶은 게 뭔지, 내가 들이는 시간이 미래의 나에게 어떤 기회가 되어줄지. 고민해보고 할 만하다는 판단이 든다면 우리 프로필에 남을 작업을 최고의 결과물로 만들어봐요. 회사를 위해서가 아니라 나를 위해서. 이게 회사에게 어떤 이익을 줄지 말고 나에게 무엇을 줄지를 고민하고 결정해요."

무언가에 도전한다면 다양한 결과를 얻을 수 있다. 합격, 불합격. 이렇게 납작하게 결과를 판단한다면 실패할 가능성이 너무 커진다. 하지만 이제는 안다. 그게 전부가 아니라는 걸 말이다. 무엇을 하든 결과까지 가기 전에 얻을 수 있는 것도 무궁무진하다. 결과 없이 과정만 남더라도 충분히 해볼 만하다. 그러니 더 영리하게 과정을 지나가보자. 어차피 지나온 과정 그대로도 충분한 보상이 되도록.

쉽게 포기하지 않기

"모든 사람을 만족시키는 글은 없다."

"쏘냐 님은 하는 일마다 잘되는 것 같아요."

잠시 몸담았던 회사의 국가지원사업 선정 소식을 전했을 때 누군가 했던 말이다. 언제나 성공만 하는 사람이라는 오해는 꽤나 탐나는 이미지지만 바로잡아야만 할 것 같다. 그건 사실이 아니니 말이다. 생각해보면 나의 모든 결실 앞에는 실패가 있었다. 실패를 받아들이고서도 다시 도전하다 보니 결과가 성공으로 이어졌을 뿐이다.

처음 쓴 원고가 책이 되었지만 그 결실 앞에도 실패가 있다.

"출판사에서 연락 오면 바로 알려주세요. 쉬는 날 연락하셔도 상관없어요."

투고 완료를 알리자 책 쓰기 학원 선생님이 말했다. 원고가 좋으니 곧 연락이 올 거라는 말도 덧붙였다. 쉬는 날 연락해도 된다는 말은 바로 답변이 올지도 모른다는 기대라고 생각했다. 나도 덩달아 기대하는 마음이 생겼다.

그런데 하루가 지나고 이틀이 지나고 일주일이 지나도 긍정적인 답이 오지 않았다. 3주가 지나자 끝났다는 생각이 들었다. 이제 호기로운 도전을 끝낼 때가 됐구나. 마음을 접으려던 즈음 메일을 하나 받았다. 출간을 의논하고 싶으니 연락을 달라고 적혀 있었다. 한 달을 기다리는 사이 자신감은 떨어질 만큼 떨어지고 내 원고는 출간에 어울리지 않는다고 단정해버린 후였다.

그사이 온 메일 답장 중에 자비 출간이나 반기획 출간을 권유하는 메일도 있었다. 이번 도전에 책 쓰기 학원 수강료 외에는 쓸 여력이 없었기 때문에 아무 의미 없는 제안이었다.

'출간을 의논하자고? 혹시 내 돈으로 출간하자는 얘긴가?'

출간 제안을 순수한 출간 제안으로 받아들일 수 없을 만큼 나는 작아져 있었다. 그래도 일단 의논해야지. 메일에 답장을 보냈고, 전화가 왔다. 원고를 읽어보니 좋았고, 출간하고 싶다고 했다. 뛸 듯이 기뻤는데 뒤에 이어진 한마디가 마음에 걸렸다.

"출간하더라도 잘 안 팔릴지도 몰라요. 실망하실까 봐 미리 말씀드리는 거예요. 그래도 출간 한번 해봅시다."

아, 이 얼마나 감사한 말인가. 안 팔리면 출판사에 손

해일 텐데 그래도 만들어보자니 말이다. 그런데 나는 그 말 앞에서 그만 꺾여버렸다. 출판사도 판매를 자신할 수 없는 원고라면 책으로 만드는 게 낭비 아닐까? 더 솔직히 말하면 '이 부족한 원고를 사람들이 읽어도 괜찮을까? 역시 이대로 폐기하는 게 낫지 않을까' 하는 생각까지 들었다. 읽어보니 좋았다는 말이 제대로 들리지 않은 건 온전히 내 마음 탓이었다.

출간 제안을 한 출판사에 죄송하지만 어려울 것 같다는 답을 보냈다. 그런데 그때 지인이 상황을 물어왔다. 아무래도 원고를 묻어야겠다고 답했는데 뜻밖의 조언이 돌아왔다.

"투고를 한 번 더 해봐요. 원고가 나쁠 리 없어요."

같은 원고로 한 번 더 투고한다고 달라질 게 있을까? 곰곰이 생각하다가 투고 파일을 열었다.

다시 읽어도 원고는 그대로가 최선이었다. 나로서는

더 손댈 수 있는 게 없었다. 그렇다면 출간기획서는? 거기까지 생각이 미치자 한 번 더 해볼 가치가 있겠다 싶었다. 투고할 때 준비해야 할 중요한 문서가 있다. 바로 출간기획서다. 원고는 정말 심혈을 기울여 썼는데 출간기획서는 그러지 못했다. 어리석게도 원고는 알맹이고 출간기획서는 껍데기라고 생각했기 때문이다. 알맹이가 충실하니 껍데기는 덜 예뻐도 되는 줄 알았다. 완벽한 오해였다. 출판사에서는 원고를 다 읽을 여력이 없어서 출간기획서부터 읽은 후에 가치가 있다고 생각할 때만 원고도 열어본다고 했다.

'그래. 해보는 거야. 출간기획서를 다시 쓰자. 그리고 한 번만 더 평가를 받아보자.'

공들여 출간기획서를 수정하고 투고 메일을 다시 보냈다. 그리고 하루 만에 적극적인 출간 제안 연락을 받았다. 이 원고가 엄마들에게 꼭 필요한 원고라는 확신을 가지고 있는 목소리. 덕분에 원고 퀄리티에 대한 의심 없이 출간 계약까지 할 수 있었다.

첫 투고에 900곳의 출판사에 메일을 보냈다. 누군가에게는 읽는 것조차 낭비였을 메일을 너무 많은 곳에 보낸 것 같아 미안한 마음이 있다. 하지만 처음이라서 무엇을 고려해야 하는지도 모르는 이 시기를 지났기에 다음이 있었다. 첫 원고는 거의 900개의 출판사로부터 거절당하고 최종적으로 단 세 곳의 출판사에게 선택됐다. 거절 분량이 너무 커서 허우적거리던 시기를 지나서 거리를 두고 바라볼 수 있을 때가 되자 이 사실이 용기가 되었다. 대부분이 거절한다고 해서 가능성이 없는 건 아니다. 세상에는 나와 결이 맞는 누군가가 분명히 있다. 아직 못 찾았을 뿐이다.

두 번째 책 역시 마찬가지다. 사실 그 책은 나의 두 번째 원고가 아니다. 세 번째 원고다. 내 컴퓨터 '두 번째 책' 폴더에는 다른 원고가 얌전히 저장되어 있다. 두 번째 퇴사 후 약간은 회의적이고 무기력했던 내가 마음 잡고 쓰기 시작한 글이었다. 꼭 책이 되었으면 좋겠다는 생각은 없었다. 쓰지 않으면 언젠가는 후회할 것 같아 기어이 써낸 원고다. 이번 투고에는 출판사를 고르고 골라 60군데 정도에만 보냈다. 역시 대부분이 외면했고 딱 한 군데에서 미팅하고 싶다는 연락이 왔다.

"이 원고로는 출간이 어려울 것 같지만 다른 책을 함께 만들어보고 싶다."

단 하나의 긍정적 회신 역시 투고 원고를 거절하기는 마찬가지였다. 실패. 완벽한 실패다. 하지만 그 원고는 책이 되는 대신 다리가 되었다. 출판사 대표님과 만나 함께 만들 새로운 책에 대한 이야기를 했고 세 번째 원고를 쓰기 시작했다. 《아이를 키우니 팬클럽이 생겼습니다》라는 이름으로 출간된 책의 원고다. 어떤 날은 실패가 기회가 되기도 한다는 걸 알았다.

지금 생각해보면 아나운서의 꿈을 이루지 못했기에 대기업 마케터라는 흥미로운 길을 갈 수 있었다. 첫 투고에 실패했지만 다시 도전했기에 내 원고에 애정을 가진 출판사 대표님을 만날 수 있었다. 두 번째 원고를 쓰고 실패했기에 혼자만의 패기로 쓴 것보다 더 나은 원고를 완성해 출간할 수 있었다. 모든 과정에서 나는 성장했고 좋은 기회와 사람들을 만났다.

앞으로도 실패와 성공이 짝처럼 붙어 다니며 나를 찾아올 것을 안다. 중요한 건 실패가 마지막이 되지 않도록 실패를 두고 돌아 나와 다시 걷는 걸음이 아닐까? 실패하면 안 된다고 생각하기보다 실패해도 다른 기회가 있을 거라고 믿기로 했다. 다가올 성공의 모양은 내가 기대하는 것과는 좀 다르더라도 말이다.

성장하는 글쓰기

"시간이 지나서 달라진 생각도 내 생각이다."

　내일 달라질까 봐 말하지 못하는 마음에 대해 쓴 적이 있다. 고등학교 때까지는 마음이 바뀌는 일이 거의 없었다. 학생의 삶은 이후의 삶에 비해 단순했고 목표도 확실했다. 그런데 대학에 가면서부터 모든 게 조금씩 복잡해지기 시작했다. 하나의 목표를 향해 열심히 공부만 하던 시절을 지나 수많은 결정을 해야 하는 세상에 도착했다. 전공을 정했지만 변경의 여지가 있었고, 꿈은 있었지만 더 깊이 알고 나니 다른 길을 찾아야 했다. 우정보다 복잡한 사랑이라는 감정도 새로이 알았고 그것만큼 변화무쌍한 감정도 없었다. 마음이 변할 때마다 당황하고 혼자 제 발 저려서 이렇게 저렇게 변명하다 보니 지금 마음을 말하는 게 두려워졌다.

변화의 두려움을 느끼던 내가 책을 썼다. 쓰고 싶은 마음이 넘쳐서 앞뒤 따지지도 않고 달려들었다. 책이 나오고 시간이 조금씩 지나자 그제야 알아챘다. 현재 생각을 활자로 고정해버리는 무시무시한 일을 저질러버렸다는 사실을 말이다. 하루가 다르게 커가는 아이만큼 변화무쌍한 존재가 있던가. 내가 책 안에 써놓은 아이에 대한 묘사가 과거일 뿐이라는 걸 깨달은 날 얼마나 놀랐는지 모른다.

내 책에 아이와 함께하는 계획에 대해 쓴 부분이 있다. 아이가 너무 어릴 땐 상세한 계획을 직접 세우지는 못하지만 지금부터 무엇을 하고 싶은지 묻는 것만으로도 계획 연습의 시작이 된다며 나도 아이와 실천하고 있다고 썼다. 그런데 어느 날부터는 갑자기 아이가 모든 답을 "몰라."로 일관했다. 그런 식이라면 계획을 세우는 게 불가능하다.

　책 쓰던 당시에는 분명 진실이던 일이 지금은 거짓이 된 것이다. 거짓말을 하지도 않았는데 거짓말쟁이가 된 느낌이었다. 게다가 육아 트렌드도 자꾸 바뀌었다. 오랫동안 외면당하던 이론이 다시 각광받기도 했다. 나 역시 자연스레 새로이 학습하게 되고 그에 따라 육아관이 미세하게 달라지기도 했다. 그럴 때 역시 책에 쓴 나와 지금의 나가 달라지는 게 두려웠다. 그래서 육아서를 끊었다. 달라지면 안 된다는 강박 때문이었다.

　육아서를 쓴 후에 겪은 일들 때문에라도 쉽게 새로운 책을 쓰지 못했다. 세상 모든 것은 변한다. 당연히 나도 변한다. 지금 쓴 생각이 유지될 거라고 어떻게 장담하지? 한마디로 책에 나를 담는 게 무서워졌다.

　첫 책을 쓰기 전부터 언젠가는 꼭 쓰고 싶은 이야기가 있었다. 엄마로만 살면서도 행복하기 위해 노력했던 시간에 대한 에세이다. 그 시간 덕분에 진짜로 행복한 날들을 살았기 때문이다. 전업맘이 되어서도 나를 잃어서는 안 된다고 말하고 싶었다. 거창하게 성공하겠다는 생각 말고 도전만으로도 충분하다는 생각으로 작게 시작해보자고 말하고 싶었다. 거대한 꿈을 이루어서가 아니라 내가 원하는 일을 하고 있다는 사실만으로도 생동감이 생긴다는 말을 하고 싶었다.

그런데 마음과는 다르게 글을 쓰기 전부터 겁이 났다. 분명 지치는 날도 있을 텐데, 아무것도 하고 싶지 않은 날이 올지도 모르는데 시작해보자고 말해놓고 아무런 시작도 하지 못하는 내가 되면 어쩌지. 아무리 그래도 나보다 아이의 미래가 더 중요하다면서 아이 교육에만 집중하는 날이 올지도 모를 일이지 않나. 엄마로만 사는 게 행복하다면서 책 한 권 쓰고 엄마의 자리로 돌아가겠다던 내가 반워킹맘이 된 것처럼 갑자기 다시 전업맘으로만 살고 싶어질지도 모르는 일이잖아. 지금 생각을 책으로 써서 고정해버리는 일은 굳이 하지 말자며 마음을 접기도 했다.

나에 대한 글쓰기가 두려운 반면, 인터뷰 글을 쓸 때는 즐겁게 임할 수 있었다. 모든 글에는 쓰는 이가 드러나게 마련이지만 주인공이 내가 아닌 글이었기에 부담이 덜 했다. 인터뷰의 매력에 빠졌다고 할까. 나를 드러내는 데는 자신 없으면서 멋진 사람의 좋은 이야기를 내놓을 때는 자부심마저 느껴졌다. 그들의 이야기를 가장 좋은 구조와 적확한 언어로 써내는 과정이 좋았다. 내 자랑은 어려워도 다른 사람 자랑은 쉬웠다. 사랑하는 이야기를 만나기만 한다면 말이다.

〈VACAY〉 잡지를 만들 때는 신나기까지 했다. 첫 인터뷰를 마친 후 느꼈던 행복감을 지금도 잊지 못한다. 퍼스널 아이웨어 브랜드 브리즘 박형진 대표님과의 인터뷰였다. 인터뷰 준비를 위해 검색을 해보니 수많은 인터뷰 기사가 떴다. 사전 조사 측면에서는 유리하지만 이번 인터뷰의 가치를 높이기 위해서는 어려운 상황이었다. 같은 내용을 담아낼 거라면 굳이 내가 인터뷰할 필요가 없으니까. 어떻게 차별화시킬 것인지 답을 찾기 위해 인터뷰이에 대해 더 오래 팠다. 인터뷰 당일, 긴장이 무색하게 모든 과정이 자연스럽고 화기애애하게 진행됐다. 다음 일정을 위해 인터뷰 종료 후에 팀원들을 남겨두고 나 먼저 자리를 떴는데 오랫동안 뿌듯하게 기억할 한마디를 나중에 전해 들었다.

브리즘은 3D 프린팅 기법으로 퍼스널 아이웨어를 제작하는 회사이자 기술력이 중요한 브랜드다. CES 혁신상을 받기도 했을 정도다. 그런데 사전 조사를 하다 보니 의외의 행보가 눈에 띄었다. 디자인 측면에서도 다양한 컬래버레이션을 통해 획기적인 시도를 하고 있었다. 브리즘의 행보를 발견한 순간, '이 브랜드는 기술력과 디자인을 균형 있게 브랜딩하는 숙제를 가지고 있구나' 하는 생각이 들었다.

좋은 인터뷰 포인트를 찾았다는 생각에 브리즘에서는 브랜딩에 필요한 요소들의 우선순위를 어떻게 배분하고 있는지 궁금해졌다. 실제 인터뷰에서도 관련 질문을 뽑아 물었다. 그러자 대표님이 놀라면서도 기뻐하는 표정을 지었다. 당시 대표님은 브랜드에 대한 심

층 질문을 할 만큼 브리즘에 대해 많이 알아보고 고민했구나 싶어 놀랐다고 했다. 실제로도 고민이 많았는데 그것에 대해 물은 사람은 없었다고도 했다. 그 덕분에 브리즘의 기술과 디자인을 모두 아우르는 기사를 완성해 내놓을 수 있었다.

참기름과 들기름 브랜드 쿠엔즈버킷 인터뷰에도 좋은 기억이 있다. 쿠엔즈버킷은 뉴욕 미슐랭 스타 브랜드에서 사용하는 한국의 참기름, 들기름 브랜드가 있다기에 찾아보다가 알게 된 브랜드였다. 인터뷰하는 내내 쿠엔즈버킷의 구성원들이 얼마나 열정과 정성을 다해 기름을 만들고 있는지 알 수 있었다. 브랜드가 가진 진심을 내가 글로 써낼 수 있다는 사실이 기뻤다.

하지만 진심도 결국은 결과로 보여줘야 하는 법. 쿠엔즈버킷을 더 많이 자랑하고 싶어서 실제 뉴욕의 셰프들에게서 받은 제품 활용법과 감상, 사진들을 수소문했다. 내가 아무리 좋다고 말해도 증거를 보여주지 않으면 사람들은 믿지 못할 테니 말이다. 그동안 세상에 펼쳐내지 못했던 쿠엔즈버킷의 숨은 자랑거리들을 풀어내는 모든 과정이 얼마나 뿌듯했는지 모른다. 세상엔 멋진 이들이 이렇게 많다. 한편으로 그들의 이야기를 듣다 보면 내 이야기가 시시해지곤 한다. 그때 문득 이런 생각이 들었다.

'그래. 역시 세상에 꼭 필요한 이야기들은 내가 아닌 다른 사람에게 있어.'

하지만 그랬던 내가 다시 책을 쓰겠다고 마음먹었다. 그것도 나만의 생각을 잔뜩 담은 에세이를 말이다. 큰 용기였다고밖에 말할 수 없다. 모든 것은 변하고 사람 마음 역시 변할 수 있다고 인정했다. 인정하고 나니 지금 하고 싶은 말, 지금이라서 할 수 있는 말을 해야겠다 싶었다. 대단해서가 아니라 대단하지 않아서 할 수 있는 말은 내가 누구보다 잘 할 수 있지 않을까?

책이 나오고 시간이 지나면 변할 수 있겠지. 그때는 이 책에서 말한 것과 다른 말을 하는 사람이 되어 있을

지도 몰라. 왜 달라졌냐고 누군가 묻는다면 책을 쓸 당시와 지금 사이에 많은 시간이 지났고 수많은 일이 일어났다고 말해야지. 성장하는 중이라고, 나는 생명 없는 물건이 아니라 사람이라서 계속 달라지고 있다고. 알 수 없는 미래의 나를 두려워하느라 지금을 쓰지 않는 겁쟁이가 되지는 않기로 했다. 지금도 그 마음을 간직한 채 새로운 글을 쓰기 시작한다.

4.
결국, 글과 책은 타인과의 소통을 위한 도구
"함께 쓰고 읽고 느끼면 된다."

> "책을 쓰는 일은 세상에 보이는 결과물을 만드는 일이다. 이제는 안다. 그러한 결과물보다 중요한 것은 결과물을 채울 내 삶이라는 것을. 회색지대에서 가늘게라도 계속 채워나가겠다는 결심은 사실 쓰기에 대한 믿음이기도 하다. 충실하게 내 삶을 살며 온전히 나를 쓰는 시간이 내가 더 나은 글을 쓰기 위한 발판이 되리라는 믿음 말이다."

쓴다는 것은 함께 읽는다는 것

"글쓰기 동료를 찾아라."

　시작해야지 마음먹고도 자꾸 미루게 되는 일 중 하나가 글쓰기다. 쉽고 간단한 일이 아니기 때문이다. 게다가 하지 않는다고 큰일 나지 않는다. 뭐라고 하는 사람도 없다. 그렇다 보니 시작도 어렵지만 시작하더라도 쉽게 그만두게 된다. 단순히 의지의 문제는 아니다. 무엇이든 처음에는 어디서부터 어떻게 시작해야 할지 답답하기 마련이다. 쓰고 싶은 마음은 굴뚝같은데 왜 내가 이렇게까지 시작하지 못하는지 모를 때, 도저히 혼자서는 시작할 수 없다면 함께할 사람을 찾아보자.

당신이 책을 사랑하는 사람이라면 도서관에 자주 방문할 가능성이 크다. 도서관에 갔을 때 조금만 살펴보면 정성 들여 기획한 프로그램들을 찾을 수 있다. 방문이 번거롭다면 홈페이지 검색도 가능하다. 도서관마다 다르겠지만 책을 매개로 하는 곳이다 보니 글쓰기 강좌가 많이 개설되는 편이다. 온/오프라인에 방식도 다양하다. 원하는 강좌가 없다면 직접 강좌 개설을 요청해볼 수도 있다. 이 외에도 백화점이나 마트의 문화센터 프로그램도 체크해보면 좋다.

온라인에는 더 다양한 글쓰기 강의나 모임이 있다. '글쓰기', '글쓰기 강의' 등 키워드로 검색해볼 수도 있지만 검색 결과가 만족스럽지 않다면 다른 방식으로 찾아보자. 블로그, 브런치스토리, 인스타그램 등 SNS에서 글 쓰는 사람을 유심히 살피면 그들이 주관하거나 참여하는 모임 정보를 얻을 수 있다. 모임 형태가 다양하니 후기를 꼼꼼히 살피자. 원하는 모임이 강의 위주인지, 첨삭 위주인지, 응원과 친목 위주인지에 따라서 만족도가 달라질 수 있기 때문이다. 쓰는 방법이 궁금하다면 커리큘럼 자체를, 함께 쓰는 사람을 찾기 원하는 경우라면 모임이 얼마나 끈끈하게 유지되는지 살펴보는 게 도움이 된다.

주변 서점들도 관심 있게 살펴보자. 다양한 프로그램을 운영하는 동네 서점이 많다. 여행 에세이 쓰고 책으로 만들기, 동네 탐방 글쓰기, 함께 독서하며 글쓰기 등 책방지기의 취향을 반영한 글쓰기 관련 프로그램들을 찾을 수 있다.

만약 이런 곳에서 원하는 모임을 못 찾았다면 내가 먼저 제안해보는 건 어떨까? 쓰고 싶다는 생각만 하면서 아직 시작하지 못한 사람이 가까이 있을 수 있다. 친구의 제안으로 시작한 독서 모임이 하나 있다. 그런 모임 하나쯤 있었으면 좋겠다고 생각만 하던 차라 제안이 얼마나 반가웠는지 모른다. 이렇게 제안하는 사람이 되어보는 건 어떨까? 함께 모여 티타임 하는 마음으로 작게 시작해보면 좋겠다.

혼자보다는 함께. 강의든 모임이든 주변에 쓰고자 마음먹은 사람이 있다면 나도 쓸 확률이 커진다. 좋은 방법을 알려주는 사람이 있으면 시작이 쉬워지고, 자꾸 쓰자고 말하는 사람이 있으면 움직이게 된다. 모임을 찾다 보면 글쓰기 동료도 만들 수 있다. 나와 함께 쓰는 사람, 내 글을 읽어주는 사람, 때로는 유익한 평가도 해주는 사람, 무엇보다 계속 쓸 수 있도록 응원해주는 사람이 필요하다. 일단 글쓰기의 흐름에 나를 맡길 곳으로 나가자.

공감과 소통의 법칙

"단 한 명에게 닿는 기적에서 시작하라."

인스타그램 12년 차, 블로그 10년 차. 몇 년 전, 블로그 글쓰기 강의를 열면서 써본 나의 SNS 경력이다. 꽤 오래됐다. 하지만 그간 굳이 드러내지 않았던 건 그다지 내세울 만한 활동이라 생각하지 않아서였다.

인스타그램을 시작한 건 2011년. 어쩌다 시작한 사진 동호회 회원들과 사진을 공유하기 위해서였다. 당시의 인스타그램은 정말 이미지에만 특화되어 있었다. DSLR을 들고 나가 찍은 사진을 고르고 골라 한두 장씩

올리기 딱 좋은 도구에 불과했다. 그 인스타그램이 이렇게 활발한 소통의 도구가 되리라고는 생각하지 못했다. 동호회 활동을 그만두면서 자연스레 멀어졌는데 어느 날 보니 사람들이 인스타그램을 통해 일상을 공유하고 있는 것 아닌가. 조심스레 다시 앱을 다운로드하고 나의 투머치토커too much talker 성향을 십분 활용하기 시작했다. 딱히 의도는 없었다. 일상을 마구 공유해도 뭐라고 하는 사람 대신 '좋아요'를 눌러주는 사람이 있어 좋았을 뿐.

   블로그 첫 게시물은 2013년에 업로드했다. 잊히는 게 아쉬워 올린 신혼여행 기록이 최초의 게시물이다. 그러고는 뜬금없는 육아 제품 후기가 이어진다. 어느 온라인 쇼핑몰의 포인트를 얻기 위해 쓴 글이었다. 블로그 후기 하나당 1,000포인트였던가. 소소한 포인트를 얻기 위한 소소한 후기들. 그런데 이런 글들이 새로운 인연을 만들어냈다. 주로 아이들 옷이나 용품 후기를 쓰다 보니 자연스럽게 또래 아이 엄마들을 만나게 된 것이다. 진짜로 대면한 건 아니다. 말 그대로 비대면

만남, 즉 댓글을 통해서였다. 당시에는 그저 한 명이라도 댓글을 달아주면 좋았다. 내 글이 도움 되었다는 댓글이 달리면 더 좋았다. 뿌듯한 마음에 다음 후기에는 더 정성을 들였다.

자연스럽게 후기 장르도 넓어져갔다. 아이들 데리고 나들이하기 좋은 곳이라든지 마음에 드는 식당, 카페 등의 후기를 공들여 썼다. 그때부터는 어디 가든 사진 100장은 기본. 정성스럽게 사진을 고르고 어떤 점이 좋았는지를 꼼꼼하게 정리해 썼다. 이웃 수나 방문자 수가 그리 많지는 않았다. 그때도 이웃 수나 방문자 수가 어마어마한 블로거는 많았을 것이다. 다행이라면 다행이랄까, 나는 그런 세계를 전혀 몰랐다. 그저 한두 명이 댓글 달아주는 정도로도 신이 났다. 일 방문자 수를 확인해보면 평균 300~400명 정도였는데 그게 너무 신기했다.

방구석에 혼자 앉아 손가락으로 무언가를 쓸 뿐인데, 300명의 사람이 와서 내가 쓴 글을 보다니. 누군가는 그저 창을 열었다가 금방 닫아버렸을지도 모르지만 어찌 됐든 닿긴 닿은 것 아닌가. 얼굴도 모르고 의미도 없는 사람일지라도 방구석의 내가 누군가에게 닿을 수 있다는 사실만으로도 충분히 기뻤다. 그중 몇 명에게는 도움이 되지 않았겠는가. 그러니까 나는 누군가에게 도움을 주는 사람이었다.

글을 계속 쓸 수 있는 이유를 묻는다면 그저 이야기하고 싶어서다. 하고 싶은 이야기가 차고 넘쳐서 자꾸 쓸 수밖에 없었다. 그런데 SNS에서 이야기를 풀어놓는 것을 지속할 수 있었던 이유를 묻는다면 한마디로 '닿고 싶어서'였다. 누군가에게 닿고 싶어서. 그냥 닿는 게 아니라 누군가에게 닿아 도움이 되고 싶어서. 그러면 조금이라도 더 의미 있는 인간으로 이 자리에 서 있는 것 같은 기분이 들었다. 스스로 나에게 가치를 부여할 수 있어서 좋았다.

엄마가 되어 회사를 그만두고 보니 한 몸처럼 지내는 아이가 아닌 다른 '휴먼'과의 접촉이 제한됐다. 세상에 아무런 기여도 할 수 없는 인간이 된 느낌이랄까. 그런데 블로그에 쓰는 글이 결핍된 나의 마음을 채워준 것이다. 아무도 인정하지 않아도 괜찮았다. 내 글에서 무언가를 얻은 사람이 내 존재를 몰라도 괜찮았다. 그냥 무언가를 할 수 있다는 사실 그 자체로 충분했다.

그래서 계속 썼다. 바쁠 땐 덮어두었다가도 자꾸 다시 글쓰기 버튼을 눌렀다. 어떤 날은 그저 하고 싶은 말을 쏟아내기 위해서. 어떤 날은 누군가에게 도움이 되고 싶어서. 극과 극의 이유를 왔다 갔다 한 덕분에 내 SNS 채널은 전혀 전략적이지 않다. 당연히 알고리즘은 나를 선택하지 않는다. 네이버 인플루언서도 되지 못했고 인스타그램 팔로워 수도 정체 중이다.

그렇게 멋대로 써온 시간이 꽤 길었으니 알고리즘 따위에 연연하지 않는 사람이라 생각할 수도 있겠다. 그런데 또 그렇지 않다. 나도 알고리즘에게 선택받고 싶다. 다만 쓰고 싶은 마구잡이 주제가 떠오를 때마다 참지 못할 뿐이다. 그래서 알고리즘의 선택은 포기하기로 했다. 이제 내게 SNS는 그저 나를 기록하는 공간이다. 계속 쓴다면 뭐라도 남아야 하지 않겠는가. 그래서 그 공간 안에 나는 오늘의 나를 남긴다. 반겨주는 이들과의 소통을 기대하면서.

비평을 마주하는 자세

"글쓰기에 정답은 없다."

글쓰기 프로젝트를 할 때, 멤버의 글을 평가하지 않으려고 노력한다. 글쓰기에 정답은 없다고 믿기 때문이다. 기준에 따라 잘 쓴 글과 못 쓴 글은 있다. 목적에 따라 적합한 글과 적합하지 않은 글도 있다. 하지만 어떤 기준도 모든 글에 적용할 수는 없다. 내가 적어낸 나만의 글에는 어떤 기준을 들이대야 할까? 나의 이야기를 충실히 풀어내고 생각을 명확히 적었다면 그것으로 충분하다고 생각한다.

글을 쓰다 보면 합평할 기회가 생긴다. 누구나 자신의 글에 대해서는 도저히 객관적일 수 없으므로 제삼자의 의견은 큰 도움이 된다. 합평에 참여한다는 건 내 글에 대한 비평을 받아들일 마음의 준비가 되었다는 뜻이다. 그러니 평가를 받을 때뿐만 아니라 할 때도 진지해야 한다. 비판이 아닌 비평이 필요한 시간이다. 또 한 번 사전의 힘을 빌리자면 비판은 '현상이나 사물의 옳고 그름을 판단하여 밝히거나 잘못된 점을 지적함'이고, 비평은 '사물의 옳고 그름, 아름다움과 추함 따위를 분석하여 가치를 논함'이다. 비판은 지적이고 비평은 논함이다.

비평하는 입장에 놓인다면 꼭 기억하자. 글쓰기에 정답은 없다. 의견이 있을 뿐이다. 의견을 명확하게 전달하자. 나는 맞고 너는 틀렸다는 태도 대신, 너와 나의 의견은 다르다는 태도로 말이다. 당신이 그 글을 받아드는 것은 지적하기 위해서가 아니라 논하기 위해서다. 의견을 말하는 걸 꺼리지도 말자. 상대방이 자신의 글을 발전시켜나가기 위해서 당신의 의견이 꼭 필요하니까.

내 글이 비평받는 입장일 때도 똑같이 기억하면 좋겠다. 상대방의 평에 너무 움츠러들 필요가 없다. 나와 그의 의견이 다를 뿐이다. 마음을 열고 모두 들은 후 최종적으로 어떻게 할지는 내가 결정한다. 내 의견을 유지할 수도 있고 그의 의견을 받아들여 수정할 수도 있다. 다양한 의견을 분석하고 섞고 더하고 비워서 새로운 방식을 적용할 수도 있다. 많은 의견을 들을수록 글이 나아질 가능성은 커진다.

　잡지를 만들 때, 함께 작업한 에디터들과 완성된 글을 읽고 비평하는 시간을 가졌다. 그때 한 에디터가 내 글에 '그'가 너무 많다고 지적했다. 처음 이 이야기를 들었을 때, 발끈했다. 내가 쓴 '그'는 모두 이유가 있다고 생각했기 때문이다. 수많은 '그'들이 글의 분위기를 만드는 거라고, 그걸 빼버리면 살리고 싶었던 느낌이 사라진다고 믿었다. 그래도 나는 세련된 태도를 가진 척하고 싶은 사람이니까 다행히 겉으로는 발끈하지 않았다. 아무렇지도 않은 척 의견을 접수한 후에 며칠을 '그' 생각만 했다. 자꾸 생각하며 읽다 보니 내 눈에도 걸리는 '그'들이 보였다. 어떤 '그'는 필요하지만 어떤 '그'는 빼는 게 낫다는 결론을 스스로 내릴 수 있었다. 이후로는 새로운 글을 쓸 때마다 '그'를 조심한다. 지금도 '그'를 너무 많이 쓸까 봐 걱정하는 마음으로 쓴다. 퇴고 때 또 빼면 된다고 생각하면서. 객관적으로 비평해준 당시의 동료가 고맙다.

"재미가 없어요."

고심해서 주제 잡고 미친 듯이 조사해서 써 간 글을 보고 동료 에디터가 말했다. '아니, 이게 재미없다고? 이렇게 재밌는데? 새로운 사실을 이렇게나 일목요연하게 볼 수 있는데?' 하는 마음이 쑤욱 올라왔지만 가만히 누르며 몇 번을 다시 읽다가 알았다. 너무 팠다. 너무 깊이 들어갔다. 적당한 깊이를 판단하는 지혜가 필요하다는 사실을 깨달았다. 이런 날을 지나다 보면 지적해주는 이들에게 고마운 마음이 든다.

당시 내가 자주 수정을 요청했던 에디터의 글이 있다.

우리 잡지에 맞는 톤 앤 매너를 유지하기 위해서였다. 사실 나는 그녀의 글을 아주 좋아했는데 기사의 목적에 맞추자니 수정이 필요했다. 그때 그녀에게 말했다.

"나 사실 에디터님 글 너무 좋아해요. 이런 글 아무나 쓸 수 없거든요. 표현이 아름답고 감정선이 살아 있어요. 그러니까 잡지에 넣기 위해 수정할 부분이 있다고 해도 에디터님의 쓰는 실력이 문제라고 생각하지는 말아요. 다만, 지금은 다른 목적이 있어서 그래요."

상황에 따라 수정해야 하는 날도 있을 수 있다. 그럴 때도 기억하자. 내 글이 틀려서가 아니라는 걸. 다만 지금은 그 자리에 어울리는 글이 필요할 뿐이다.

비평을 하거나 받아야 하는 상황에 던져졌을 때, 서로서로 열린 마음을 가지되 움츠러들 필요는 없다. 어차피 정답 없는 싸움. 다른 의견을 꼭꼭 씹어보자. 비평은 나의 글을 향한 것, 절대 나를 향한 비판이 아니다. 의견을 통과해 내 글이 나아진다면 그건 남는 장사다.

작가에 대한 오해

"나를 온전히 드러내는 글쓰기를 멈추지 마라."

"이런 회색지대에 있는 엄마들이 많아지고 있다는 생각이 들었어요."

나를 인터뷰하러 온 그녀가 말했다. 나처럼 여러 가지 일을 동시에 하는 엄마를 대상으로 하는 인터뷰였다. 회색지대. 그녀의 의도를 내가 정확히 이해했는지 모르겠지만 내가 맞게 이해했다면 내가 있는 곳이 바로 회색지대의 한복판이다.

내가 해석한 회색지대는 이랬다. 내 일에 대한 욕심으로 일에 우선순위를 두는 엄마도 아니고, 그렇다고 육아가 가장 중요하다며 아이에게만 집중하는 엄마도 아닌, 아이들과의 시간이 소중한 만큼 나도 중요하다면서, 정작 내 일은 풀타임으로 채우지 않는 사람. 막상 일을 구할 때는 아이들과의 시간이 보장되어야만 한다고 생각하는 사람. 필연적으로 제대로 된 일을 할 기회는 고사해버리고 결국 메뚜기처럼 이리저리 뛰며 딱히 돈벌이가 되지 않는 일만을 하고 있는 사람. 그런 사람이 나였고, 나는 내가 서 있는 바로 여기가 회색지대라 생각했다.

회색지대에서 내가 찾은 일이 글쓰기였다. 아이들과 함께 있으면서도 나를 세상과 연결할 수 있는 일. 오랜 공백 끝에 책 쓰기를 목표로 정한 이유도 육아와 병행할 수 있어서였다. 혼자 쓰는 일은 다른 사람과 스케줄 맞출 필요가 없다. 내가 육아 때문에 보통 사람들이 업무하는 시간을 쓰지 못하더라도 괜찮고, 아이가 아파서 며칠 못 해도 상관없다. 글쓰기는 어떻게든 내가 혼자서 꾸려나갈 수 있는 일이다. 다만 눈에 보이는 성과를 낼 수 없어 공허할 수 있다. 그래서 잡은 목표가 책 출간이었다.

처음 계획은 책 한 권을 출간한 후 다시 육아에만 전념하는 것이었다. 내가 아직 세상에 필요한 결과물을 만들어내는 사람이라는 사실을 증명하면 다시 엄마로만 살아도 사랑스러운 내가 될 수 있을 것 같았다. 그런데 책을 쓰면서 많은 것이 달라졌다. 책을 쓰는 동안 내 머리를 맘껏 사용하는 즐거움을 다시 알게 됐다. 출간 계약은 성공의 짜릿함을 알려줬고 이후 마케팅 과정에서 나를 알리려 노력하다 보니 할 수 있는 일이 자꾸 많아졌다. 결국 나는 육아만 하는 엄마로 다시 돌아가지 못했다.

문제는 내 마음의 방향이 하나가 아니었다는 거다. 일하기 위해 아이와 보내는 시간을 포기하겠다는 생각은 한 번도 하지 않았다. 지금 쓰면서도 여러 번 고친 이 문장은 앞으로 봐도 뒤로 봐도 이상하다. 아니, 아이와 보내는 시간은 포기 못 하는데 일은 할 거라고? 이렇게 의문스러운 일을 나는 시작하고 있었다.

책 쓰기는 대단원의 시작이었다. 이후에 나는 글쓰기 코치가 되고 프리랜스 마케터가 되고 기부 프로그램 기획자가 되고 어느 회사의 디렉터가 되었다. 그러다가 다시 쓰는 사람으로 돌아왔다. 의문스러운 일은 내 머릿속에서만 의문스러운 게 아니었다. 이 의문은 실제 현실에서는 실행 난도 높음의 형태로 드러났다. 하나하나 도전하고 그만두고 타협하고 개선하고 시작하고 그만두면서 종종 "아, 이제 진짜 육아만 할 거야." 하기도 했다. 그런데 어느 날 정신을 차려보면 나는 또 나도 모르게 무언가 시작하고 있었다. 빠르게 갈 수 없는 현실을 깨닫고 천천히 가되 방향을 정해서 한 길로만 쭉 가기로 했다. 그런 마음으로 더 천천히 걷고 있을 때, 앞에서 말한 인터뷰 요청을 받았다.

인터뷰어 역시 엄마였다. 그날 우리가 마주 앉아 나눈 이야기는 인터뷰라기보다 같은 상황을 사는 엄마들의 대화에 가까웠다. 한참 대화를 나누다 보니 왜 계속 일을 이어가고 있는지가 화두가 되었다.

왜일까? 나는 왜 계속 가느다란 실같이 언제 끊어질지 모를 일을 잡고 있는 걸까? 더 튼튼한 실로 갈아 끼우지도 않으면서 어째서 놓지도 않는 걸까? 그건 언제라도 현역에 있는 사람이 되고 싶어서였다. 완전히 놓는 순간, 나는 다시 '전직' 무언가가 된다. 하지만 작은 일이라도 붙들고 있다 보면 대단한 사람이 되지는 못해도 '현직' 누군가가 될 수는 있다.

처음 책 쓰기 학원에 가서 주제를 무엇으로 할지 고민하던 날, 절실히 느꼈다. '전직'이 끊어지고 나면 더는 '전직'에 기댈 수 없다는 걸 말이다. 내가 전에 어떤 일을 했든 상관없이 그저 지금은 엄마로만 사는 사람이었고 그건 새로운 기회를 얻는 데 치명타가 됐다. 첫 투고가 잘 안 되었을 때, 책 쓰기 선생님이 그랬다. 사실 다른 일 하지 않고 엄마로만 산 사람의 경우, 계약이 잘 안 되는 경향이 있다고. 원고가 부족해서가 아니라 내 상황이 매력적이지 않아서 연락이 오지 않는 거라는 말이었다. 나는 다시 그런 상황에 처하고 싶지 않았다. 지금 나를 증명하는 건 최근에 내가 무엇을 해냈는지라는 걸 그때 이미 처절하게 깨달았기 때문이다.

나는 딱 하나를 선택할 수 없는 사람이다. 그걸 인정하기로 했다. 그래서 회색지대에서 산다. 그러고 보면 처음 책 쓰기를 선택한 순간부터 결국 이렇게 될 거라는 걸 알고 있었는지 모른다. 회색지대에서 살기 가장 적합한 일이 쓰는 일이다. 커다란 성공을 위해 시작하지 않았다. 그래서 이런 삶도 괜찮다. 대단한 사람이 되는 일은 없겠지만 원하는 장소에서 소소한 효능감을 느끼면서 살 수 있다.

책을 쓰는 일은 세상에 보이는 결과물을 만드는 일이다. 이제는 안다. 그러한 결과물보다 중요한 것은 결과물을 채울 내 삶이라는 것을. 회색지대에서 가늘게라도 계속 채워나가겠다는 결심은 사실 쓰기에 대한 믿음이기도 하다. 충실하게 내 삶을 살며 온전히 나를 쓰는 시간이 내가 더 나은 글을 쓰기 위한 발판이 되리라는 믿음 말이다.

쓰지 않기로 결심할 용기
"생각과 마음을 쏟아내기만 하기를 멈출 것."

 글쓰기를 좋아한다. 쉽게 쓰는 편이다. 생각나는 대로 툭툭 던져놓는 글도 부담 없이 쓴다. 완벽해야 한다는 생각으로 고치고 또 고치는 대신 편하게 내놓을 줄도 안다. 그래서 나는 언제나 쓸 수 있는 사람이라는 자부심이 있었다. 쓰는 걸 좋아하니까 어떤 순간에도 쓰는 일을 최우선으로 두어야 한다고 여기기도 했다.

 그런데 어느 가을, 석촌 호수가 내려다보이는 카페에 앉아서 갈등에 빠졌다. 남편이 회사 행사 때문에 잠실에 간다기에 따라나선 길이었다. 지하철로 나서면 시간도 오래 걸리고 도착 전에 지치기도 해서 자주 가지 못하는 곳이다. 이 시간을 멋지게 활용하려면 뭘 하면 좋을까 고민하다가 혼자 조용히 호수 뷰 카페에 앉아 시간을 보내기로 했다. 글도 쓰려고 노트와 펜을 챙겼다. 글을 완성하고 나면 근처 미술관에도 갈 계획이었다. 그런데 결국 그날 나는 한 자도 쓰지 못했다.

눈앞의 풍경을 놓칠 수 없었다. 글을 쓰려면 눈과 손을 글 위에 둬야 한다. 눈앞의 통창 밖으로 넓은 호수와 막 단풍이 들기 시작한 나무들이 있는데, 작은 노트 안에 눈을 가두는 게 맞을까? 꼭 써야겠다는 마음은 고집이 아닐까? 고민하다가 글을 쓰지 않기로 했다. 지금 눈앞의 풍경은 오늘이 지나면 다시 오지 않을 거라는 확신이 들었다. 도저히 거기에서 눈을 뗄 수가 없었다.

노트를 덮으면서 나에게 물었다. 지금 펜을 놓는 결정은 현명함일까, 게으름일까? 글 쓰는 건 참으로 의미 있고 생산적인 일이지만 글 쓰는 행위 때문에 눈앞의 아름다움을 놓치기도 한다. 글쓰기는 생산이면서 동시에 포기다. 세상의 모든 일이 그렇듯 글을 쓰기 위해서는 포기해야 하는 것들이 있다.

지난 겨울 방학, 나는 또 한 번 위기를 맞았다. 글쓰기를 쉬는 게 맞다는 생각이 든 거다. 문제는 글쓰기와 상관없는 곳에서 발견됐다. 마치 병이라도 걸린 것처럼 아무것도 하고 싶지 않았다. 매일 커피를 두 잔씩 마시고 저녁엔 와인을 따랐다. 드라마에 빠져서는 매일매일 드라마 본방일만 기다렸다. 내가 왜 그러는 걸까? 마음이 심란했다. 그러다가 지금이 방학 중이라는 걸 깨달았다. 두 달의 긴 방학, 그중 5주가 지난 시점이었다. 생각이 거기에 미치자 순식간에 내 상태가 이해됐다. 힘든 거였다. 엄마 역할에 지친 거였다. 병명은 방학병이었다.

그런데 왜 방학병이 글쓰기를 쉬겠다는 결론으로 이어진 걸까? 내 스트레스 이면에 엄마 역할인 아이 돌보기와 내 일인 글쓰기가 함께 얽혀 있었기 때문이다. 방학이란 어쩔 수 없이 아이들을 케어하는 시간이 늘어나는 기간이다. 나처럼 회색지대 엄마로 다른 이의 도움 없이 온전히 아이들을 돌보며 애매한 일을 하는 사람들에게는 수많은 갈등이 교차하는 때이기도 하다. 일이 불안정한 대신 선택권이 있다. 선택권이 있어 자유로운 대신 선택할 수 있어서 늘 고민하게 된다.

 방학이 되면서 아이와 내 일이 부딪혔다. 첫째에게 신경 써야 할 특별한 일이 있었고 둘째의 유치원 졸업과 초등학교 입학 준비가 겹쳐 물리적으로도 바쁜 방학이었다. 당연히 지난 방학과는 무게가 달랐는데 그걸 깨닫지 못했다. 이 와중에 내가 운영 중인 글쓰기 프로젝트를 차질 없이 진행하고 내 글을 정기적으로 쓰겠다는 계획이 공기를 팽창시키는 부담으로 다가왔다. 이 공기와 저 공기가 팽창해서 가득 차버린 공간 사이에 끼어버렸다.

 더 큰 문제는 내가 만들어둔 분류 체계에 있었다. 아이들 케어는 생산성 바깥 영역으로 분류되어 있었다.

그러니 많은 일을 하면서도 아무것도 하지 않는 것처럼 느껴졌다. 육아란 그렇다. 이것도 일이라는 사실을 세상이 자주 잊어서 나만은 꼭 기억해야지 하면서도 깜빡깜빡한다. 깨닫고 나니 보였다. 아무것도 안 하는 줄 알았는데 실제로는 매일 아이들 세 끼 챙기고 숙제 챙기고 마음 챙기면서 내 일까지 하고 있었다. 상황이 이러니 무의식의 선택 영역에서 글쓰기는 계속 밀렸고 표면적으로 나는 하는 일도 없으면서 글도 안 쓰는 사람으로 보였다. 스스로를 달달 볶으며 스트레스 받으니 다시 아무것도 하기 싫은 상태로 이어졌다.

그래서 글을 쓰지 않기로 했다. 글을 써야 한다는 부담감이 가려버린 일상을 찾기로 했다. 이게 수많은 단점을 감수하고 회색지대 엄마로 사는 이유 아니겠는가. 글을 써야 한다는 생각으로 가득 찼던 시간을 버리고 아이들과 웃고 싸우고 먹고 자기로 했다. 개학하고 다시 쓰면 된다고 나를 설득했다. 그렇게 3주를 쉬었고 아이들 개학과 함께 다시 쓰는 자리로 돌아왔다.

나는 가끔 이런 결심을 한다. 쓰지 못하는 시간을 인정하는 건 다시 쓰기 위해서다. 쉬다 보면 쓰고 싶은 마음이 쌓여 다시 돌아올 것을 안다. 그 대신 쉬고 싶을 때는 이유를 확실히 해둔다. 혹시 쓰기 싫어서 만들어낸 핑계는 아닌지 묻는다. 핑계라면 무시해야겠지. 하지만 그게 아니라면 인정한다. 그저 지금은 쓰지 않기를 결심할 때라고. 대신 돌아갈 길을 잃지는 말라고. 이유를 명확히 하고 기간을 정한다. 그래야만 때가 되어 다시 쓸 수 있다.

작은 성공과 시작을 응원하는 마음

"두 번째 책을 쓸 마음을 먹다."

 첫 책을 출간하고 2년이 지나는 동안 다음 책은 언제 쓸 거냐는 질문을 여러 번 받았다. 그때마다 계획이 없다고 말했다. 정말로 다음 책을 쓸 마음이 없었다. 이대로 다시는 내 책을 쓰지 못할지 모른다는 생각도 했다. 첫 책 출간 후 새로운 경험을 했기 때문이다.

 첫 책을 쓰기 시작할 때는 미래까지 꿈꾸지 못했다. 그저 내 이름으로 책 한 권만 출간할 수 있으면 좋겠다는 바람뿐이었다. 첫 책을 계약하고 다양한 활동을 하던 초기에는 얼른 다음 책을 써서 쓰는 사람의 입지를 굳히고 싶었다. 그런데 얼마 지나지 않아 다음 책에 대한 욕심이 사라졌다. 출간이 싫었던 건 아니다. 자신이 없었다. 출판 시장에 다시 한번 내 이름 달고 뛰어들 자신이.

첫 책을 계약하던 날, 출판사 대표님이 나에게 당부한 말이 있다.

"작가님이 마케팅을 함께 해주셔야 해요. 출판사에서는 출판사에서 할 수 있는 마케팅을 하겠지만 한계가 있거든요."

내 수많은 시작의 결정적인 계기가 된 말이다. 내 원고를 선택해준 게 너무 고마워서 나 역시 출판사에 도움이 되는 저자가 되고 싶었다.

이제 집에 혼자 앉아 글 쓰던 시절은 지났다. 출판 시장 귀퉁이에 살포시 발을 들였고 곧 현실을 깨달았다.

'출판'과 '시장' 두 단어로 이루어진 이곳에서 내가 깨달아야 할 것은 여기도 '시장'이라는 현실이었다. 비즈니스에서 중요한 목적은 돈을 버는 것. 책은 예술이 아니라 상품이다. 그 당연한 사실을 여태 몰랐던 거다. 그걸 깨닫고 나니 더 열심히 뛸 수밖에 없었다. 적어도 출판사에 손해를 끼치는 작가가 되지는 말자. 이 책이 적어도 마이너스는 되지 않게 하자. 뭐라고 하는 사람도 없는데 스스로 채찍질을 해댔다.

나는 자기 자랑이 어려운 사람이다. 언제나 가능성을 믿는다. 내 이름을 단 결과물이 부끄럽지 않도록 최선을 다할 수도 있다. 하지만 평가는 상대가 하는 거지 내가 하는 게 아니라 생각한다. 그런데 스스로 내 책이 좋다고 얘기해야 하는 상황에 처했다. 읽어보고 좋다고 말해줄 누군가를 만나기 위해서는 내가 먼저 내 책을 노출시켜야 했다. 그러한 노출에 필요한 건 자신감이었다. 매번 앞에서 자신감을 쥐어짜고 뒤에서는 쪼그라들었다.

'너무 기대하면 어떡하지? 실망하면 어쩌지?'

그런 나를 보던 출판사 대표님이 말했다.

"아니. 왜 이렇게 좋은 책을 써놓고 자신이 없어요?"

그러게 말입니다. 왜 그러는 걸까요?

그런 시간을 지나면서 나는 분명히 알게 되었다. 출판 시장은 글을 평가받기 전에 나의 영향력을 먼저 평가받아야 하는 곳이다. 물론 어디에나 예외는 존재한다. 나 같은 신인 작가의 책을 기쁘게 출간해준 출판사를 만난 것도 그 덕분이다. 하지만 행운은 거기까지. 출간 이후로도 헤쳐나가야 할 산은 많았다.

처음 책을 쓰고 싶다고 생각했을 때, 내가 쓰고 싶은 장르는 에세이였다. 그런데 에세이로는 출간이 어려울 거라는 조언을 들었다. 결국 육아서를 첫 책으로 내놓으면서 다음에는 꼭 에세이를 써야겠다는 마음을 먹었었다. 그런데 시간이 지날수록 슬픈 사실만 더 선명해졌다. 내가 쓴 에세이는 출판 시장이 원하는 제품이 아니라는 사실. 나는 유명하고 영향력 있는 작가가 아니고 내가 가진 이야기도 주목받기에는 너무 소소하다.

책을 쓰지 않을 이유를 차곡차곡 쌓아 탑을 만들었는데, 어느 날 순식간에 탑이 무너졌다. 갑자기 책을 써야겠다는 생각이 들었다. 나조차도 당황스러울 만큼 뜬금없었다. 친구의 창업에 동참해 창업 멤버로 애썼던 내 인생 두 번째 직장에서 퇴사하고 한 달쯤 후였다. 책을 쓰겠다는 마음을 실행에 옮기는 데는 긴 시간이 걸리지 않았다. 컴퓨터를 켜고 목차를 썼다. 대목차 여섯 개, 각각의 대목차에 소목차 여섯 개씩. 총 서른여섯 개 목차가 순식간에 완성됐다. 써내고 싶은 이야기가 넘치고 있었다.

돌아보면 탑 안에 다시 쓸 여지를 남긴 돌이 하나 있었다. 혹시라도 다음 질문에 '예스'라 답할 수 있다면 그때는 다시 쓰기를 고려해볼 것. 그때라면 출판 시장이 원하지 않더라도 도전해볼 가치가 있으니 말이다. 질문은 바로 이것이었다.

"내가 쓰는 책이 세상에 도움이 될까?"

갑자기 여기에 '예스'라는 답을 하게 된 것이다.

아마도 두 번째 퇴사가 남긴 충격 때문이라 추측한다. 이미 다섯 가지 시작과 도전이 있었고 친구의 스타트업에 합류하는 일은 나의 여섯 번째 도전이었다. 혼자서 벌이던 지난 일들과 가장 큰 차이는 이번 도전은 조직 생활이라는 점이다. 나의 사회생활이 새로운 국면을 맞는다는 생각으로 단단히 마음먹고 시작했다. 프로젝트를 진행하는 마음도 더 비장했다. 최대치의 능력을 끌어내 할 수 있는 모든 노력을 다한 시간이었다. 하지만 결국 그만두는 선택을 했다. 퇴사하고 처음에는 좌절감이 컸다. 그래서 나에게 자꾸 왜 그런 선택을 한 거냐고 물었다. 그 질문에 어렴풋한 답을 찾았다 싶었던 날, 나는 책을 써야겠다고 생각했다.

그간 나는 크게 성공해야만 비로소 다른 사람들에게 알려줄 수 있는 비법이 생긴다고 생각했다. 출판 시장에서 원하는 이야기도 그런 이야기일 거라 추측했다. 하지만 모두가 다 큰 성공을 원할까? 더 큰물에 뛰어들었다가 결국은 돌아 나온 나처럼 소소한 성공을 쌓아가는 삶이 충분한 사람도 있지 않을까? 큰 성공을 해서 저 멀리 날아오르기 위해서가 아니라 지금 이 자리의 행복을 유지하면서 내 일을 시작해보고 싶은 사람도 있지 않을까? 나야말로 큰 성공을 하진 못했지만 작은 시작과 도전만으로도 삶을 바꾸지 않았는가.

첫 책을 완성하고 보니 막 엄마가 된 10년 전의 소령에게 필요한 책이란 생각이 들었다. 이번에는 무언가 하고 싶지만 시작하지 못하던 5년 전의 소령에게 필요한 책을 써보자. 그런 사람이 소령 하나뿐일 리는 없으니까. 분명히 누군가에게 필요한 책이 될 거야. 그러니까 쓰자.

그리고 또 하나, 스타트업에서 일하는 동안 알게 됐

다. 나는 누구보다 쓰는 작업을 사랑하는 사람이었다. 퇴사를 결심할 수 있었던 것도 쓰는 일은 어디에서든 할 수 있다는 믿음 덕분이었다. 어차피 나는 계속해서 써야 하는 사람. 계속 쓰는 삶을 위해서는 출간이라는 도전을 다시 시작해야 한다는 생각이 들었다.

그렇게 나는 어느 소심한 여자가 하나씩 작게 여섯 가지 일을 시작한 이야기를 쓰기 시작했다. 비록 출간되지는 못했지만 후회하지 않는다. 덕분에 나의 중요한 순간들을 정리할 수 있었고 그 원고 덕에 두 번째 책의 출판사 대표님을 만날 수 있었으니까.

책 쓰기 이전과 이후

"나라는 존재의 의미를 생각하게 됐다."

"오늘 제가 입은 옷 어떤가요?"

작가가 되고 섰던 가장 뿌듯했던 자리, 양성평등주간 행사 중 진행된 북토크 무대에 서서 인사 후 제일 먼저 했던 말이다. 처음 섭외를 받았을 때 제일 궁금한 건 어떻게 나를 알고 연락했을까였다. 그래서 담당자에게 물었다.

"저를 어떻게 알게 되셨어요?"

혹시나 누군가가 추천한 게 아닐까 기대했는데, 행사를 기획하고 검색하던 중에 알게 됐다고 했다. 누군가가 북토크에 다녀와서 쓴 글을 봤고 블로그를 찾아봤더니 어디든 가서 이야기할 마음이 있다고 적어놓은 글이 보이더라고.

두 번째 책을 쓰고 첫 북토크를 마친 후 적은 글이었다. 여전히 유명하지 않은 작가는 북토크 한번 하기도 쉽지 않다. 좋은 공간과 공간지기를 만나 북토크를 진행한다고 해도 모객이 문제다. 그렇게 마음 졸이며 기획한 북토크였는데 반응이 좋아 뿌듯했다. 누군가에게는 시작을 시작할 용기가 되었고 누군가에게는 눈물 나는 감동이 되었다고 했다. 팬이라 자처해주는 사람 역시 늘었다. "이제 나도 시작해봐야겠다."는 후기 앞에서는 감격스러웠다. 내 이야기가 누군가에게 분명히 닿아 시작의 물꼬를 틀 수 있다면 가능한 한 더 많은 이야기를 해야겠다고 생각하며 쓴 책에 대한 가장 확실한 보상이었다.

양성평등주간 북토크에 나를 섭외한 이유는 엄마들에게 더 많은 가능성에 관해 이야기하고 싶어서라고 했다. 엄마들은 시작이 어렵다. 처음부터 전형적인 일자리로 돌아가기는 더 어렵다. 내가 혼자서 길을 만들어가는 모습이 그들에게 현실적인 가능성이 될 거라고 생각해왔는데 이번 북토크 기획팀에서도 같은 생각을 했다고 했다. 운명 같았다. 그래서 답했다. "그런 얘기라면 제가 잘할 수 있어요."라고.

대망의 북토크 날, 핑크 베이지 정장을 입고 무대에 섰다. 어떤 옷을 입는 게 좋을지 고민하고 고민한 결과였다. 엄마들을 대상으로, 역시나 엄마 중 한 명인 나에 대해 이야기하는 자리다. 그러니 적당히 차려입는 게 낫지 않을까 싶어 비즈니스 캐주얼 정도로 골랐다.

한껏 갖춘 셋업 정장으로 마음을 바꾼 건 참석 VIP 명단을 받고 나서였다. 도의원님, 시의회 의장님, 시의원님 등이 참석하는 데다 축사까지 예정되어 있었다. 행사의 격이 느껴졌다. 그렇다면 나도 거기에 맞춰야지. 옷장 한편에 오랫동안 걸려만 있던 정장을 꺼냈다. 밝은 톤의 핑크 베이지를 살짝 눌러줄 검은 탑을 입고 검은 하이힐도 신었다.

"지금 저 괜찮나요? 사실 저는 너무 어색해요. 이런 정장을 입고 나선 게 정말 오랜만이거든요."

어색함을 풀기 위해 고르고 고른 말이었다. 그리고 사실 이 말은 나의 스토리와도 이어진다.

"엄마가 되기 전에 저는 마케터였습니다. 사람들 앞에서 프레젠테이션할 일이 많았어요. 홍보 업무도 했었던지라 기자 행사도 여러 번 진행했고, 그러다 보니 기자들에게 설명하는 제 사진이 신문에 실린 적도 있어요. 그때는 이런 정장을 입는 일이 그리 어색하지 않았습니다. 그런데 엄마가 되고 회사를 그만두고 보니 입을 일이 없더라고요. 이 옷은요, 첫 책 출간을 앞두고 샀던 옷이에요. 출간 기념회 때 딱 한 번 입고 넣어만 두었다가 이번에 두 번째로 꺼냈습니다.

책을 출간하고 나서 자주 받는 질문이 하나 있습니다. 뭐가 달라졌냐는 질문이에요. 그럴 때 이렇게 대답합니다. '이런 자리에서 여러분을 만나고 제 이야기를 할 수 있게 되었다는 게 달라진 점입니다.' 하고요. 솔직히 말하자면, 책이 나오고 실질적으로 달라진 게 많지는 않습니다. 유명해지지도 않았고, 부자가 되지도 않았고, 제가 갑자기 대단해지지도 않았습니다. 그래도 딱 한 가지 분명히 달라진 게 있더라고요. 누군가가 제 이야기를 궁금해한다는 거요.

　'아, 달라진 게 하나 더 있구나.' 이번에 이 옷을 꺼내 입으면서 생각했습니다. 가끔이라도 이런 옷을 꺼내 입을 기회가 생긴다는 거. 그게 변화구나. 작년에 결혼 10주년을 맞아서 가족사진을 찍었어요. 특별한 날 돈 들여 찍는 사진이니까 몇 날 며칠 뭘 입을까 고민하다가 꺼내 입은 옷이 깔끔한 니트에 청바지였어요. 신경 써 갖춰 입은 옷이 니트에 청바지인 평범한 엄마가 가끔은 이런 옷을 입고 무대에 오를 수도 있게 된 이야기. 어떻게 무엇을 하며 시간을 건너왔는지에 관한 이야기를 지금부터 해보려고 합니다."

 책이 나오고 무엇이 달라졌냐고 현실적인 기준으로 묻는다면 사실 자랑할 만한 건 별로 없다. 굳이 플러스 마이너스를 따져보자면 마이너스인 부분도 있을 정도다. 하지만 그저 내 삶 자체를 두고 보자면 꽤 많이 달라졌다. 내 이야기를 전하러 나설 기회가 생겼다는 건 커다란 기적이다.

 어린 날의 나는 선한 영향력을 끼치는 사람이 되고 싶다는 꿈을 꿨다. 그런 마음으로 열심히 공부했지만 결국 대기업 마케터가 되었을 때는 꿈을 잊었다. 그 일이 나빠서가 아니라 그 자리에 있는 내가 바빠서였다. 일의 본질에 대해 고민할 시간은 있어도 일을 통해 이루고 싶은 것을 고민할 시간은 없었다.

 하지만 책을 쓰면서는 달랐다. 거기엔 진심을 담았고 미약하게나마 나의 주관을 전할 수 있었다. 덕분에 이제 나는 나로 살아간다. 진짜 내가 하고 싶은 일을 찾고 그 일을 하면서 내가 하고 싶은 이야기를 한다. 세상이 이야기하는 훌륭함에는 미치지 못해도 괜찮다. 훌륭하기 위해서가 아니라 여전히 나이기 위해 하나씩 하나씩 사부작사부작해 나가는 모든 것들이 응원받아 마땅하다고 생각한다. 그러한 응원을 나에게도 전하며 나아간다. 그리고 기회가 생길 때마다 과거의 나처럼 움츠린 사람들에게 전한다. 무엇이든 시작해보아도 괜찮다고.

덕분에 내 이야기를 듣고 시작할 용기를 얻는 사람들이 생겼다. 나는 지금 선한 영향력을 가진 사람이다. 어린 날의 꿈이 지금 여기서 무럭무럭 자라고 있다.

에필로그
삶이 멈추지 않는 한 계속할 수 있는 일

 2019년 여름. 갑자기 책을 쓰겠다고 마음먹지 않았으면 어땠을까? 책이라니 가당키나 한 일이냐며 스스로를 몰아붙이다가 포기해버렸다면 지금 나는 어떤 날을 살고 있을까? 살아보지 않아 정확히는 알 수 없지만 지금과는 많이 다를 게다. 그날의 결심이 내 삶을 완전히 바꾸었으니까. '미친 거 아닐까?' 생각하면서도 '한 번쯤 미쳐봐도 되지 않을까?' 하며 시작했던 과거의 나에게 지금의 나는 감사를 전하고 싶다.

"고맙다. 2019년 서른일곱의 정소령."

그날 이후로 나는 시작을 시작하는 사람이 되었다. 글쓰기는 내 길을 보여주는 도구가 되었고 그 자체로 새로운 길이 되었다. 실패를 각오하고서라도 시작하는 게 가만히 있는 것보다 낫다는 사실도 알려주었다. 책은 말할 것도 없고 아무것도 없는 내가 나를 알리기 위해 SNS에 써 내려간 콘텐츠도 모두 글이었다. 꿈꾸던 프로젝트를 시작하고 강사가 되고 잡지를 만들고 다시 프리랜스 마케터로서 일도 하고 그러면서 여전히 엄마의 역할을 해나가는 나는 '쓰는 사람'이기에 가능하다.

좌절하는 날도 있고 아무것도 하고 싶지 않은 날도 있다. 나는 예민한 사람이다. 그런 나는 미래의 나를 걱정하느라 전전긍긍했다. 하지만 지금은 다르다. 내가 '쓰는 사람'이 된 덕분이다. 앞에서 썼지만 쓰는 일은 혼자서도 할 수 있는 일. 내가 그만두겠다고 마음먹지 않는 한 계속할 수 있는 일이라고 믿는다. 혹여나 잠시 쉬어가는 일이 생기더라도 삶은 멈추지 않을 테니 글 소재가 차곡차곡 쌓일 테지. 원래 글쓰기는 준비 기간이 더 중요한 법. 덕분에 여전히 계속되는 진로 고민에서 비롯된 조급함을 내려놓을 수 있다.

  나에게 글은 아무리 생각해도 장점뿐인 작업이다. 그래서 계속 권하게 된다. 당신도 썼으면 좋겠다고. 일단 쓰자고. 무어라도 쓰다 보면 글이 된다고. 나의 삶이 그랬던 것처럼 당신의 삶도 쓰다 보면 바뀔 거라고. 중요한 건 어느 유명한 작가처럼 유려하게 쓰는 게 아니라 내 마음을 들춰 꺼내놓는 거라고 자꾸 말하게 된다.

  이 책이 당신에게 닿아 글쓰기를 시작하는 계기가 되었으면 좋겠다. 그런 바람을 담아 써 내려간 책이니 말이다. 나의 쓰는 날을 탈탈 털어 담았다. 처음부터 잘 쓸 필요는 없다. 하지만 처음이 없으면 더 쉽게, 혹은 더 잘 쓰게 될 내일도 없다. 그러니 이 책을 덮으면 몇 문장이라도 쓰기 시작해보자. 글쓰기의 시작을 시작할 당신을 응원한다.

그래더북 Begin Again Series 01
다시 시작하는 당신을 응원합니다.
그래더북은 여성, 엄마의 소중한 일상을 담아나가는 1인 출판사입니다.

쓰기로 다시 시작

초판 1쇄 발행 2025년 5월 1일

지은이	정소령
펴낸이	고미숙
편집	김승규
디자인	육일구디자인
인쇄	영신사

펴낸 곳	그래더북
출판등록	2024년 1월 4일 제2024-000007호
주소	경기 화성, 동탄첨단산업2로 14
이메일	joanneko@naver.com
인스타그램	@grae_the_book
팩스	0504-360-8087

ISBN   979-11-986794-1-3   03800

그래더북은
다시 시작하는 여성을 응원하는
〈Begin Again Series〉를 만들고 있습니다.
서툴고 시간이 걸려도 정성껏 만들겠습니다.
감사합니다.

이 책은 저작권법에 따라 보호받는 저작물이므로 무단 복제를 금하며,
책 내용의 전부 또는 일부를 이용하려면 반드시 저작권자와 그래더북의
서면 동의를 받아야 합니다.

파본이나 잘못 만들어진 책은 구입하신 곳에서 교환해드려요.